Schreib-Stars: So wirst du zum Schreibstar!

Liebe Schülerin, lieber Schüler,

mit diesem Schreibtraining kannst du selbstständig das Schreiben üben. In jedem Kapitel übst du eine Textsorte. Ein Beispieltext und der **rote Faden** zeigen dir den besonderen Aufbau der Textsorte. Wenn du beim Schreiben unsicher bist, kannst du dich an den **roten Faden** halten.

Und so wird geübt:

- Bearbeite die Aufgaben bis du zu einem Kontrollsternchen kommst.
- Vergleiche deine Arbeit mit dem Lösungsheft und verbessere Fehler. Wenn du fertig bist, mache ein Häkchen in das Kontrollsternchen unten.
- Jetzt darfst du auf der letzten Seite im Heft ein Sternchen einkleben.

- Auf den Jetzt bist du dran-Seiten schreibst du einen Text ganz allein. Verfasse ihn auf einem extra Blatt.
- Schätze dich vor und nach dem Üben selbst ein.
- Ist dein Text fertig, darfst du auch hier ein Sternchen kleben.

- Vertiefe dein Wissen! Mit den Tipps und Schreibaufträgen vom Pelikan Pepe kannst du dich richtig fit machen!

- Auf den Seiten 4 und 64 findest du außerdem wertvolle Tipps zum **Texte planen** und zum **Texte überarbeiten**.

- Wenn alle Sternchenfelder auf der letzten Seite beklebt sind, bist du ein **Schreib-Star**!

Viel Spaß beim Üben!

Die Motivation machts! Lobe dich beim Schreiben, dann bearbeitest du die Seiten wie im Fluge!

1

Inhaltsverzeichnis

Kompetenz Erzählen

Kompetenz Argumentieren

Kompetenz Informieren

Tipps zum Texte überarbeiten

1 Sammle deine Ideen in einem **Brainstorming**.

- Schreibe alles, was dir zum Thema einfällt, auf ein leeres Blatt.
- Setze den Stift dabei möglichst wenig ab.
- Zeit: 3 Minuten

2 Bastel dir einen **roten Faden**.

- Lege ihn neben dich.
- Schreibe jetzt möglichst viele Stichpunkte auf ein leeres Blatt.
- Denke an die Aufzählungszeichen.

3 Ordne deine Ideen in einer **Mindmap**.

- Der rote Faden hilft dir, die wichtigsten Schlüsselwörter zu finden.

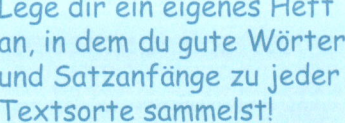
Lege dir ein eigenes Heft an, in dem du gute Wörter und Satzanfänge zu jeder Textsorte sammelst!

4 Gehe auf **Wörterjagd**.

Achte auf diese Symbole im Heft:

Markiere die Wörter im Text. Die Sprechblase zeigt dir, welche Wörter du suchen sollst.

Sammle die Wörter in deiner Wörtersammlung. Die Sprechblase zeigt dir, welche Wörter du aufschreiben sollst.

Zuerst gehst du geradeaus bis zur Kreuzung. An der Ampel…

_____

Du brauchst: Papier und Schere. Als Erstes faltest du…

_____

Jeder erhält vier Spiel-figuren. Wer die höchste Zahl würfelt, beginnt…

_____

1 Im Alltag wird viel beschrieben. Verbinde die Sprechblase mit dem passenden Bild.

2 Ergänze die passenden Fachbegriffe zu den Bildern.

Bastelanleitung   Wegbeschreibung   Spielanleitung

3 Überlege, was für eine Beschreibung wichtig ist. Kreuze an.

Wo wird noch genau beschrieben?

☐ Ich beschreibe **genau**, damit sich der Leser den Vorgang gut vorstellen kann.

☐ Ich beschreibe **in einer logischen Reihenfolge**.

☐ Ich mache es **spannend** und ergänze eigene Einfälle.

☐ Ich gehe in meiner Beschreibung auf **wichtige Einzelheiten** ein.

☐ Ich lasse **ein paar Lücken**, damit der Leser mitdenken muss.

kontrolliert: ☆   5

Adjektive

Das ist Beppo.
Er ist ein junger | sehr alter Mann.
Er ist so groß wie ein Schrank | Tisch.
Beppo sieht kräftig | schlank aus.

Die Form seines Gesichts ist rund | eckig.
Er hat dicke | schmale Lippen und
eine Stupsnase | Hakennase.
Seine Augen sind braun | blau,
er trägt keine | eine Brille.
Beppo hat lockige | glatte,
blonde | rotblonde Haare.

Er trägt ein rot-weiß gestreiftes | kariertes,
kurzärmliges Hemd | T-Shirt und
eine weiße | schwarze Weste.
Die Beine sind mit einer braunen | blauen
kurzen | langen Hose bekleidet.
An den Füßen trägt Beppo
grüne Gummistiefel | Sandalen.

In der Freizeit spielt Beppo Klavier und
Eishockey | Gitarre und Fußball.
Der junge Mann mag Katzen | Pferde.
Er wirkt fröhlich | traurig
und sieht gefährlich | freundlich aus.

Das ist der rote
Faden. An ihn kannst
du dich halten!

Hier siehst du Beppo:

1 Was stimmt? Vergleiche die Personenbeschreibung mit dem Bild und kreise alle farbigen Wörter, die Beppo richtig beschreiben, ein.

2 Wie ist die Personenbeschreibung aufgebaut? Beschrifte den roten Faden mit den Schlüsselbegriffen.

Gesicht

Alter und Figur

Kleidung

Hobbys und Eigenschaften

Beschreibe dein Lieblingstier. Welche Schlüsselbegriffe brauchst du hier für deinen roten Faden?

kontrolliert: ☆   7

1 Im Wörterpool findest du Wörter, mit denen du das Gesicht näher beschreiben kannst. Trage sie beim passenden Oberbegriff ein.

Gesichtsform 	Mund	Nase
oval,		

oval   breiter Mund   schmale Lippen   große Nase
volle Lippen   kantig   Stupsnase   breite Stirn   spitze Lippen
gerade Nase   rund   lange Nase   spitzes Kinn

2 Wie können Haare und Frisur aussehen?
Verbinde die Gesichter mit der passenden Beschreibung.

– blonde, glatte Haare
– kinnlang
– Pony

– blonde, glatte Haare
– schulterlang
– Pony
– Pferdeschwanz

– wellige, braune Haare
– halblang
– Seitenscheitel

– kurze, schwarze Haare
– Locken

Wie siehst du aus?
Sammle Wörter,
die dich gut beschreiben!

3 Welche Wörter passen zum Gesicht?
Kreise sie ein.

Alter
und Figur

uralt

groß wie ein Riese

schmales Gesicht

große Nase

rote Wangen

grüne Augen

rundes Gesicht

von hoher Gestalt

ungefähr 1,90 m groß

spitzes Kinn

Stupsnase

im Alter meiner Oma

breite Stirn

breitschultrig

Kussmund

blonde Locken

Seitenscheitel

braune Haare

blaue Augen

4 Auch die Kleidung ist wichtig. Beschreibe
alle Kleidungsstücke, die Mia trägt.

Bilde Sätze zu Mia.
Die gesammelten Wörter
können dir dabei helfen.

Kleidung

blauer Sonnenhut mit weißen

Punkten,

kontrolliert: 9

Alter und Figur

Gesicht

so groß wie eine Stehlampe

Ich heiße Frieda Fröhlich

Kleidung

Hobbys und Eigenschaften

Mit einer Mindmap kannst du Ideen sammeln und sie gleichzeitig ordnen!

1 Pepe hat Stichwörter zu Frieda Fröhlich gesammelt. Trage sie an passender Stelle in die Mindmap ein.

so groß wie eine Stehlampe   über 90 Jahre alt   schmales Gesicht
dünn   Stupsnase   dünne Lippen   grüne Socken   sympathisch

2 Sammle weitere Stichwörter zu Frieda Fröhlich und ergänze die Mindmap.

Personenbeschreibung: Jetzt bist du dran!

Schätz dich immer zweimal ein!
Einmal vor dem Üben
und einmal nach dem Üben!

Personenbeschreibung	vor dem Üben			nach dem Üben		
	☆	☆☆	☆☆☆	☆	☆☆	☆☆☆
Beschreibe ich genau?						
Schreibe ich abwechslungsreich und verwende beschreibende Wörter?						
Beschreibe ich in der richtigen Reihenfolge?						
Gehe ich auf alle Oberbegriffe ein?						
Schreibe ich in der Gegenwart?						
Schreibe ich in ganzen Sätzen?						
Ich bin viel auf Wörterjagd gegangen:						

1 Schätze dich selbst ein. Kreuze die gelbe Spalte an.

2 Beschreibe Frieda Fröhlich von Seite 10.
Der Satzbausteinkasten kann dir dabei helfen.

Satz-
bausteine

Das ist … Sie ist … alt	Die Frau ist so groß wie …	Frieda hat ein … Gesicht	
Ihre Lippen sind … Sie hat …	Friedas Augenfarbe ist …	Sie hat … Haare.	Die Farbe ihres Rocks ist …

Sie trägt…	In ihrer Freizeit …	Als Haustier hat Frieda …	Frieda sieht … aus.	Sie wirkt …

3 Vergleiche deinen Text mit der Tabelle und schätze dich jetzt
nochmal ein. Kreuze die grüne Spalte an.

Verben

Satz-anfänge

Ich brauche:

So gehts:

Als Erstes…

…als Nächstes…

Jetzt…

Anschließend…

Zum Schluss…

Windspiel „Schlange"

Ich brauche:

- einen Teller
- _____
- _____
- _____
- _____
- _____
- _____

Überschriften, Absätze und Nummerierungen machen deine Bastel-anleitung übersichtlich!

So gehts:

1. Als Erstes lege ich den Teller umgedreht auf das Tonpapier. Ich übertrage nun mit dem Bleistift den Umriss des Tellers auf das Tonpapier.

2. Ich zeichne als Nächstes eine Linie spiralförmig bis zu Mitte.

3. Jetzt male ich noch ein Muster mit den Filzstiften auf.

4. Anschließend schneide ich mit der Schere an der spiralförmigen Linie entlang. Ich beginne mit der Schwanzspitze und schneide dann immer rund herum.

5. Zum Schluss gestalte ich den Kopf aus und male ein Gesicht auf.

6. Als Letztes klebe ich eine Schnur mit einem Klebestreifen am Kopf fest.

Fertig ist das Windspiel! Viel Spaß damit!

1 Lies die Bastelanleitung. Nummeriere die Bilder
in der richtigen Reihenfolge.

2 Wie ist die Bastelanleitung aufgebaut? Beschrifte den roten Faden.

Schlusssatz   Anleitung   Überschrift   Material

3 Unterstreiche alle Materialien in der Anleitung.
Trage sie anschließend beim Material ein.

4 Wo wird eine Zeile frei gelassen?
Markiere alle Absätze mit einem roten Dreieck △.

Basteln

1 In den Stiften findest du Wörter für deine Bastelanleitung.
Markiere sie in der Farbe des Oberbegriffs.
Trage sie anschließend in die Tabelle ein.

Lineal

ich falte auseinander

ich bestreiche

ein Streifen Klebeband

Gehe auf Wörterjagd und sammle noch mehr Wörter für deine Bastelanleitung!

Tonpapier

ich zeichne

jetzt

als Erstes

nun

anschließend

ich knicke um

zum Schluss

Bleistift

Flüssigkleber

ich klebe

ich schneide aus

Bastelschere

als Nächstes

Material	Satzanfänge	Verben in der Ich-Form

2 Löse das Kreuzworträtsel.

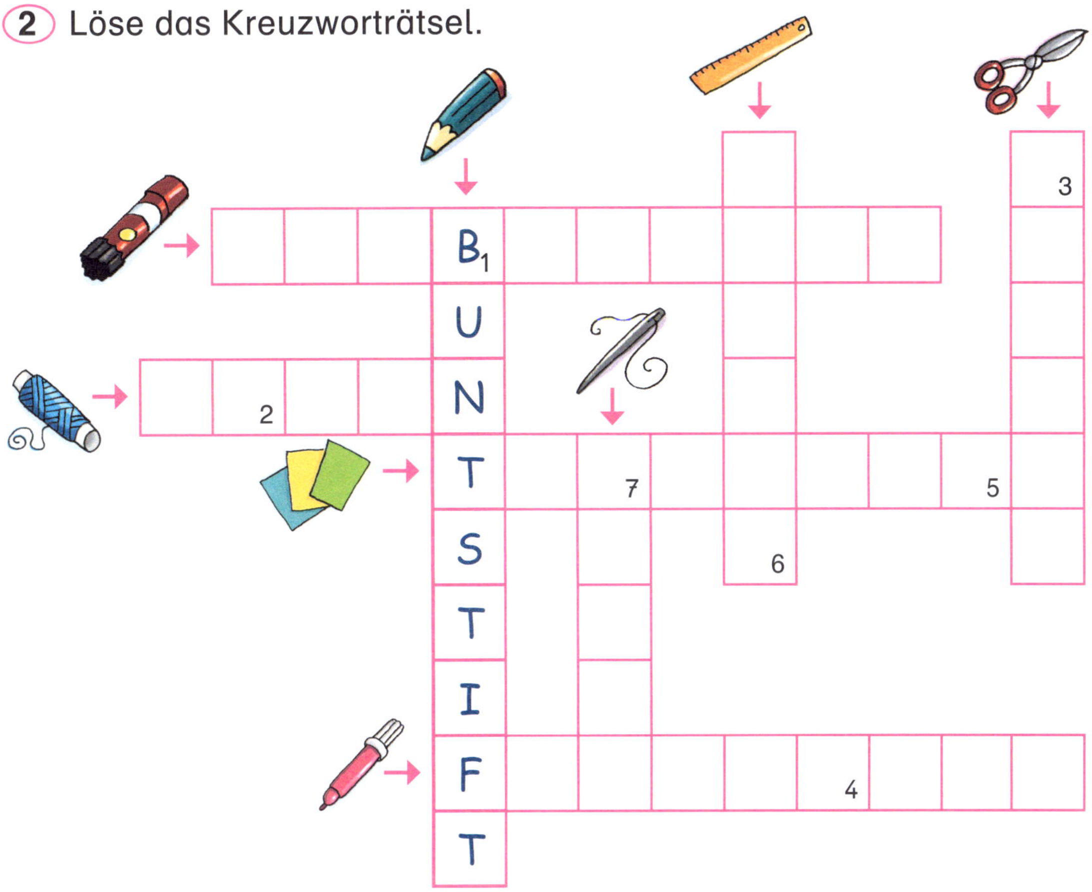

B U N T S T I F T

(down, column 1)

Lösungswort

1	2	3	4	5	6	7

Denk dran:
Beschreibe den Material-
bedarf möglichst genau!

Pepe hat diese Bastelanleitung gefunden und möchte sie aufschreiben:

Zuerst schau ich mir die Bilder genau an und sammle zu jedem Bild Stichpunkte!

1 Welcher Stichpunktzettel gehört zu welchem Bild? Nummeriere.

Satzanfänge

- Tonpapier DIN A4
- Schere
- Bleistift
- Buntstifte
- Lineal

- Daraufhin
- Streifen Papier wie eine Ziehharmonika falten
- Überstehendes Ende abschneiden

- Anschließend
- vorsichtig auseinanderfalten

- Im nächsten Schritt
- mit Bleistift
- Umriss von Mädchen und Junge zeichnen
- Hände berühren sich
- Darauf achten: Arme bis zum Rand

- Nun
- Papierstreifen umknicken
- ungefähr 5 cm

- Jetzt
- beide Kinder ausschneiden
- Wichtig: Arme nicht durchschneiden

2 Notiere Stichpunkte zu Bild Nr. 2 und 8.

2

8

Bastelanleitung	vor dem Üben			nach dem Üben		
	☆	☆☆	☆ ☆☆	☆	☆☆	☆ ☆☆
Enthält mein Text alle Teile: Überschrift, Materialbedarf, Anleitung, Schlusssatz?						
Arbeite ich übersichtlich? (Überschriften, Absätze, Nummerierungen)						
Schreibe ich abwechslungsreich? (Verben, Satzanfänge)						
Beschreibe ich alle wichtigen Schritte in der richtigen Reihenfolge?						
Weise ich auf Schwierigkeiten hin?						
Bleibe ich in der Ich-Form?						
Schreibe ich in ganzen, verständlichen Sätzen?						
Ich bin viel auf Wörterjagd gegangen:						

① Schätze dich selbst ein. Kreuze die gelbe Spalte an.

② Schreibe zu den Bildern auf Seite 16 eine Bastelanleitung. Du brauchst Hilfe? Verwende die Stichwortzettel von Seite 17.

③ Vergleiche deinen Text mit der Tabelle und schätze dich jetzt nochmal ein. Kreuze die grüne Spalte an.

Meine Tipps zum Texte überarbeiten findest du auf Seite 64!

(1) Im Alltag werden viele Nachrichten ausgetauscht.
Welche sind gut gelungen? Kreise sie ein.

(2) Wer ist Absender, wer Empfänger? Suche in den Nachrichten
die Namen und schreibe sie unter das passende Bild.

Absender >	> Nachricht >	> Empfänger

Hi herr bürgermeister
müller! Kannst du
uns einen neuen
spielplatz bauen?
LG max

Max _____

_____

Telefonnotiz

Mama, bitte Herrn
Bauer von Elektro
Bauer zurückrufen,
wegen Kühlschrank;
Tel.: 08059-393354,
Anna

_____

_____

Nürnberg, den 15.09.15

Liebe Oma Rosi,

wie geht es dir? Hoffentlich ist
es nicht zu langweilig im
Krankenhaus. Gestern war der
erste Schultag nach den Ferien
und wir haben eine neue
Lehrerin. Sie hat...

Viele Grüße
dein Luka

_____

_____

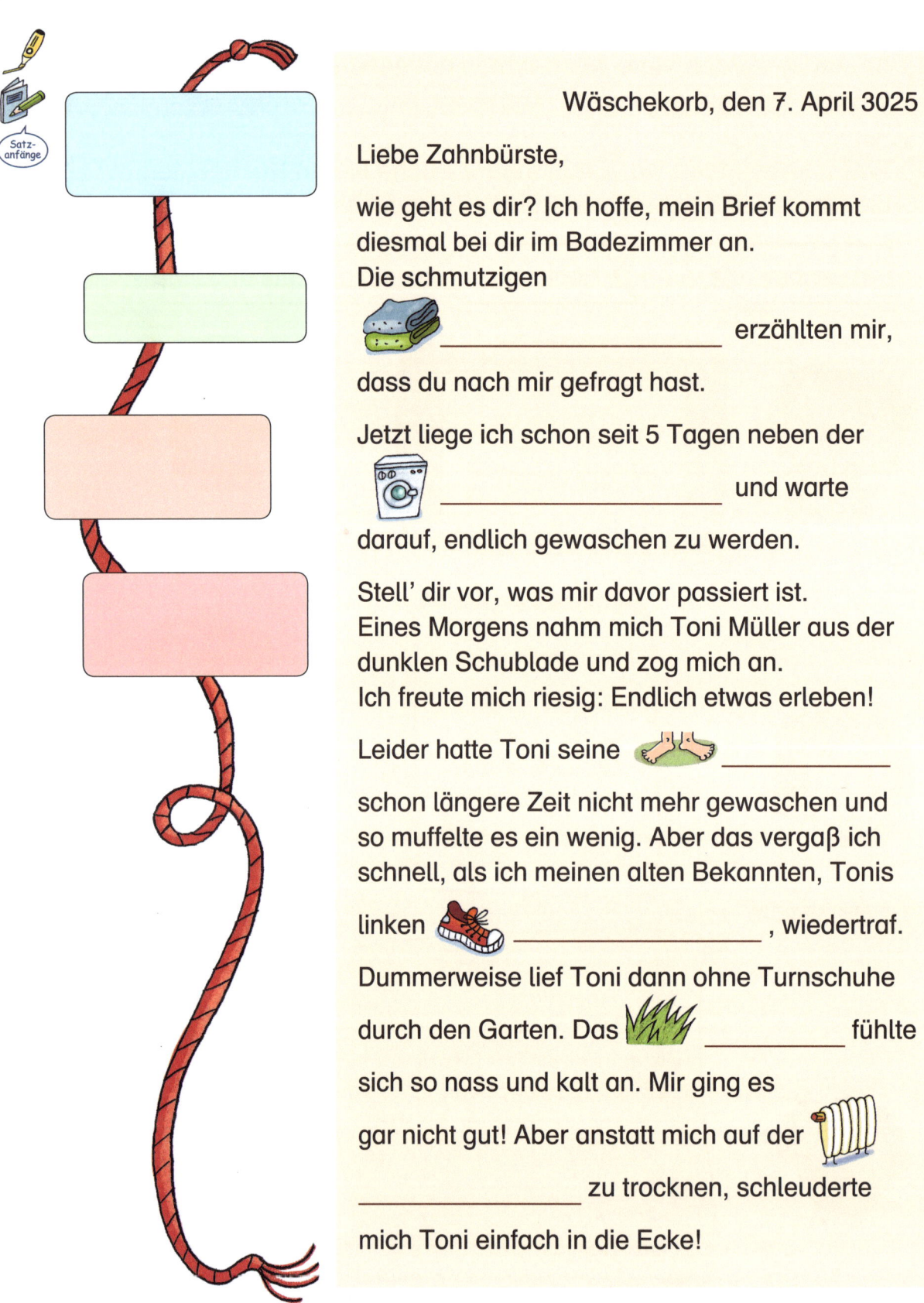

Wäschekorb, den 7. April 3025

Liebe Zahnbürste,

wie geht es dir? Ich hoffe, mein Brief kommt diesmal bei dir im Badezimmer an.
Die schmutzigen

_____ erzählten mir,

dass du nach mir gefragt hast.

Jetzt liege ich schon seit 5 Tagen neben der

_____ und warte

darauf, endlich gewaschen zu werden.

Stell' dir vor, was mir davor passiert ist.
Eines Morgens nahm mich Toni Müller aus der dunklen Schublade und zog mich an.
Ich freute mich riesig: Endlich etwas erleben!

Leider hatte Toni seine _____

schon längere Zeit nicht mehr gewaschen und so muffelte es ein wenig. Aber das vergaß ich schnell, als ich meinen alten Bekannten, Tonis

linken _____ , wiedertraf.
Dummerweise lief Toni dann ohne Turnschuhe

durch den Garten. Das _____ fühlte

sich so nass und kalt an. Mir ging es

gar nicht gut! Aber anstatt mich auf der

_____ zu trocknen, schleuderte

mich Toni einfach in die Ecke!

Dort schleckte mich auch noch der

_____ Lupo mit seiner

glitschigen Zunge ab. Ich ärgerte mich
schrecklich über den schlampigen Toni!
Zum Glück landete ich schnell im kuschelig

weichen _____ und traf

viele meiner Kumpels wieder.

Hoffentlich sehen wir uns bald wieder. Wie ist die
Stimmung bei euch im Badezimmer? Ist dir immer
noch so langweilig oder putzt Toni inzwischen

häufiger seine _____?

Liebe Grüße
dein Freund, die Socke

Suche die 3 Sätze, in denen die Socke der Zahnbürste eine Frage stellt!

1 Die Socke hat der Zahnbürste einen Brief geschrieben.
Fülle die Lücken aus. Die Bilder helfen dir.

2 Wie ist der Brief aufgebaut? Beschrifte den roten Faden.

Ort, Datum, Anrede   Briefende   Das habe ich erlebt

So geht es mir   Briefanfang   Grußformel mit Unterschrift

3 Überlege, was für einen Brief wichtig ist. Kreuze an.

☐ Der Brief hat **eine bestimmte Form:** z. B. Anrede, Grußformel.

☐ Meine **Schrift** darf **unleserlich** sein, der Empfänger kennt mich ja.

☐ **Ich gehe** auch **auf den Empfänger ein**, indem ich ihm zum
Beispiel **Fragen** stelle.

kontrolliert: ☆ 21

1 Welcher Briefanfang ist fehlerfrei? Kreuze ihn an.

① ☐

Saarbrücken   3. Juli 2015

Liebe Emily,

Vielen Dank für deinen brief. Ich habe   sehr gefreut.
Du möchtest wissen, was ich in den Sommerferien mache...

② ☐

Frankfurt, den 15. Juni 2015

Liebe Oma Katharina,

herzlichen Dank für deinen schönen Besuch.
Ich schreibe dir, weil ich dir unbedingt etwas erzählen muss...

③ ☐

Augsburg   den 23. Mai 2015

Liebe frau Schmidt,

wie geht es Ihnen? uns geht   gut.
Hoffentlich haben Sie sich in München schon gut eingelebt...

2 Korrigiere die anderen Briefanfänge.
Markiere die Fehler und verwende folgende Korrekturzeichen:

↑	Wort wird groß geschrieben.
↓	Wort wird klein geschrieben.
Ɐ	Wort fehlt.
O	Komma fehlt.

↑D
d̶resden, den 18. Mai 2015

Lieber Onkel Tobias O

↓z   für
Z̶uerst vielen Dank Ɐ deine
Postkarte aus dem Urlaub...

3 Welche Grußformel passt zu welchem Brief aus Aufgabe 1? Nummeriere.

Schöne Grüße?
Alles Liebe?
Welche Grußformeln kennst du noch?

Bis bald
dein Freund Leon

Alles Liebe
dein Enkel Max

Herzliche Grüße
Ihre Klasse 3b

4 Schreibe den Briefanfang Nr. ① richtig auf. Deine Korrekturzeichen helfen dir dabei. Denke auch an alle Absätze.

Schon fertig? Dann schreib doch den Brief einfach weiter.

5 Markiere in deinem Briefanfang alle Absätze mit einem roten Dreieck △.

Bochum, den 15. September 2015

Lieber Pepe,

wir waren in den Sommerferien in Italien am Meer.
Wir waren den ganzen Tag am Strand.
Am Abend waren wir Pizza essen. Es war ein schöner Urlaub!

Viele Grüße
dein Freund Finn

Würze deinen Brief mit Sinneseindrücken und Gefühlen!

(1) Pizza essen oder Tag am Strand? Verbinde die Sätze mit dem passenden Bild.

Ich sah lachende Kinder, die wie Hüpfbälle über die Wellen sprangen.

Die Teller fühlten sich ganz warm an.

Die Pizza war knusprig und schmeckte herrlich nach Käse.

Über dem Meer kreischten laut die Möwen.

Ich beobachtete die Kellner, wie sie kunstvoll ihre Tabletts balancierten.

Unter meinen nackten Füßen spürte ich den weichen, warmen Sand.

(2) Hören, Riechen oder Fühlen? Kreuze an.

	👂	👃	❤️
Hier am Meer ging es mir wunderbar!			
Die Leute klapperten laut mit ihrem Besteck.			
Es roch nach frischem Meerwasser.			
Es duftete nach zerlaufenem Käse und frischem Pizzateig.			
Ich lauschte den tosenden Wellen.			

3 Mit Sinneseindrücken und Gefühlen wird Finns Brief ausführlicher. Schreibe mithilfe der Bilder eigene Sätze.

Verben Sinneseindrücke

Bochum, den 15. September 2015

Lieber Pepe,

Brauchst du Hilfe?
Hier findest du Satzbausteine!

wir waren in den Sommerferien in Italien am Meer.
Wir waren den ganzen Tag am Strand.

Es roch nach Pommes
und Sonnencreme. _____

_____
_____

_____
_____

Ich sah …

Mir ging es …

Am Abend waren wir Pizza essen.

_____
_____

_____
_____

_____
_____

Ich hörte …

An den …
spürte ich …

… schmeckte …

Es war ein schöner Urlaub!

Viele Grüße
dein Freund Finn

Vergleiche deinen fertigen Brief mit Finns erstem Versuch (S. 24).
Was fällt dir auf?

kontrolliert: ☆   25

1 Felix möchte seiner Oma schreiben. Er hat Stichpunkte gesammelt.
   a) Fülle die Lücken aus. Die Bilder helfen dir dabei.
   b) Welche Stichpunkte gehören zu welchem Teil des Briefs?
      Beschrifte.

   Briefanfang   So geht es mir   Das habe ich erlebt   Briefende

   c) Aber Vorsicht: Immer ein Stichpunkt auf den Zetteln gehört nicht
      dazu. Streiche ihn weg.

2 Zwei Stichpunktzettel sind noch leer geblieben.
   Hilf Felix und notiere Stichpunkte zu diesen Briefteilen.

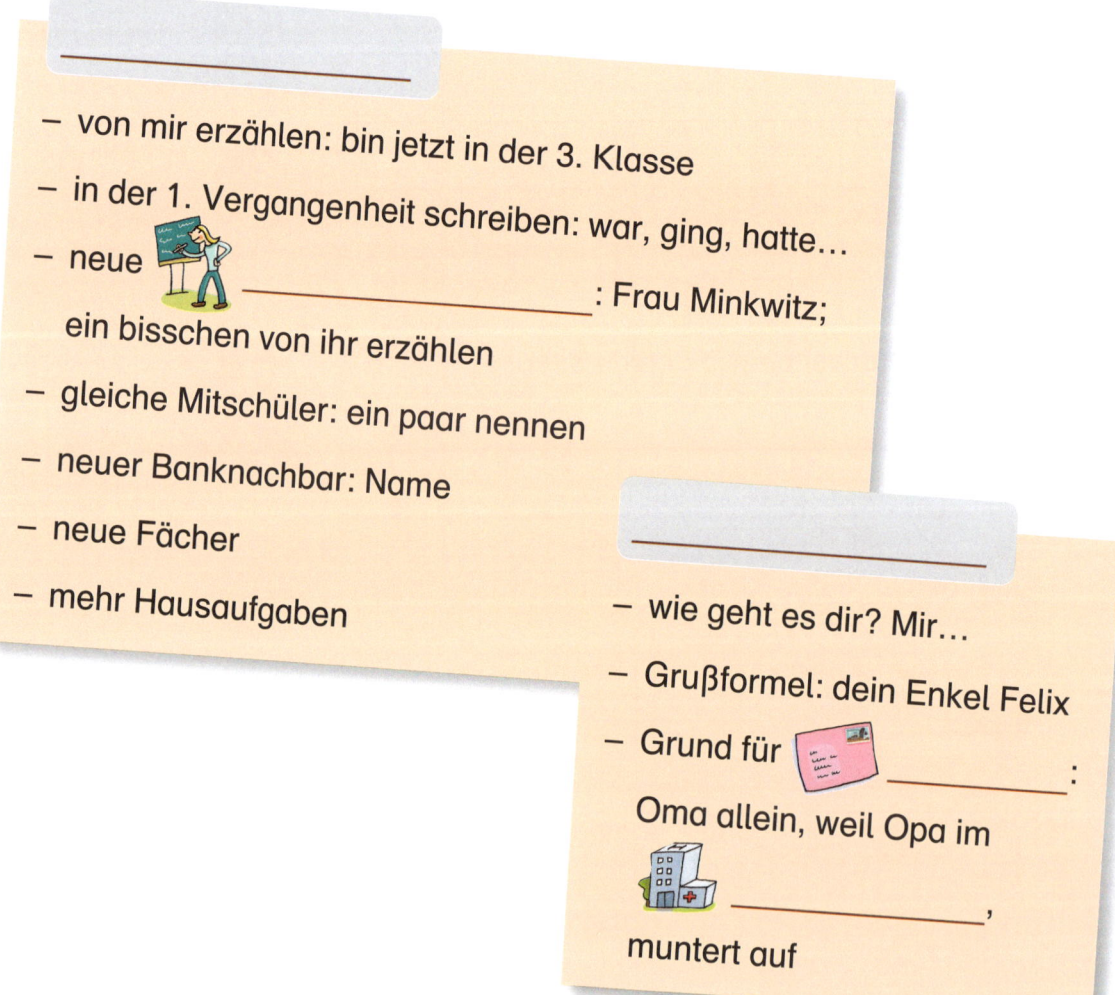

— von mir erzählen: bin jetzt in der 3. Klasse

— in der 1. Vergangenheit schreiben: war, ging, hatte…

— neue _____: Frau Minkwitz;
   ein bisschen von ihr erzählen

— gleiche Mitschüler: ein paar nennen

— neuer Banknachbar: Name

— neue Fächer

— mehr Hausaufgaben

— wie geht es dir? Mir…

— Grußformel: dein Enkel Felix

— Grund für _____:
   Oma allein, weil Opa im
   _____,
   muntert auf

_____

– … hoffentlich  _____

  wir uns bald wieder

– …möchte dir von mir erzählen!

– Wie war das, als du in der

  3. Klasse warst?

Ort, Datum Anrede

_____

_____

_____

_____

_____

– Ausflug mit Eltern ins

  _____

– Sinneseindrücke dort:

  Was  _____ ich?

  Was _____ ich?

  Was _____ ich ?

  Was _____ ich?

– Grußformel: Liebe Grüße

– lief zur _____ ,

  oben viel los, musste anstehen,
  plötzlich bekanntes Gesicht:
  mein neuer Banknachbar!

– hatten noch viel Spaß zusammen!

Grußformel

und Unterschrift

_____

_____

_____

_____

Du möchtest gleich loslegen
und an die Oma schreiben?
Auf Seite 32 gibts hierzu
einen Schreibauftrag!

kontrolliert: ☆ 27

1 Felix möchte seiner Oma vom Ausflug ins Schwimmbad schreiben. Das sind die Bilder vom Ausflug. Nummeriere sie in der richtigen Reihenfolge.

Das ist eine super Übung! Mache Fotos von einem Ausflug, sortiere sie und erzähle dazu!

Wenn du in deinem Brief von einem Erlebnis erzählst, solltest du in der 1. Vergangenheit schreiben.

Verben

2 In Felix' Erzählung vom Ausflug fehlen einige Verben.
a) Schreibe sie zuerst in der 1. Vergangenheit auf.
b) Setze sie nun an passender Stelle im Text ein.

machen – ich _____   merken – ich _____

wollen – ich _____   fühlen – ich _____

stellen – ich _____   haben – wir _____

sehen – ich _____   laufen – ich _____

Satz-anfänge

Letzten Sonntag _____ ich mit meinen Eltern einen Ausflug

ins Schwimmbad. Nachdem wir uns rasch umgezogen hatten,

_____ ich sofort in Richtung Becken. Das Wasser war

angenehm kühl und es roch ein bisschen nach Chlor. Ich

_____ mich wunderbar schwerelos. Da _____ ich

die große Wasserrutsche. Von dort war ein fröhliches Kreischen der

Kinder zu hören, die mit hohem Tempo ins Becken rutschten. Das

_____ ich auch ausprobieren. Also _____ ich mich

in die Schlange. Plötzlich _____ ich, wie mir jemand von

hinten auf die Schulter tippte. Als ich mich umdrehte, blickte ich in

ein bekanntes Gesicht. Stell dir vor, es war mein neuer

Banknachbar aus der Schule! Was für ein Zufall! Gemeinsam

_____ wir noch viel Spaß im Schwimmbad. Das war super!

Felix hat viele gute Satzanfänge verwendet! Sammle noch mehr Satzanfänge!

kontrolliert. 29

1 So hat Felix den Briefumschlag an seine Oma beschriftet.
  a) Wo steht der Absender, wo der Empfänger? Verbinde.
  b) Wohin gehört die Briefmarke? Zeichne eine Briefmarke ein und
     verbinde sie mit der Wortkarte.

Felix Müller
Feldweg 15a
60328 Frankfurt

Katharina Müller

Hauptstr. 8

66379 Waldgrünbach

Absender

Empfänger

Briefmarke

2 Beschrifte den Umschlag mit folgenden Angaben.
   Zeichne auch die Briefmarke ein.

Und welche Adresse
hast du?

Absender

82308   Huber

Miriam   Sommerstr.

Peißenberg   25

Empfänger

40474   56

Ali   Paul-Klee-Str.

Düsseldorf   Gök

Vorname, Name,
Postleitzahl,
Hausnummer, Ort
und Straße? Kennst
du die richtige
Reihenfolge?

1 Markiere die Wortbausteine und Sätze in der passenden Farbe des Oberbegriffs.

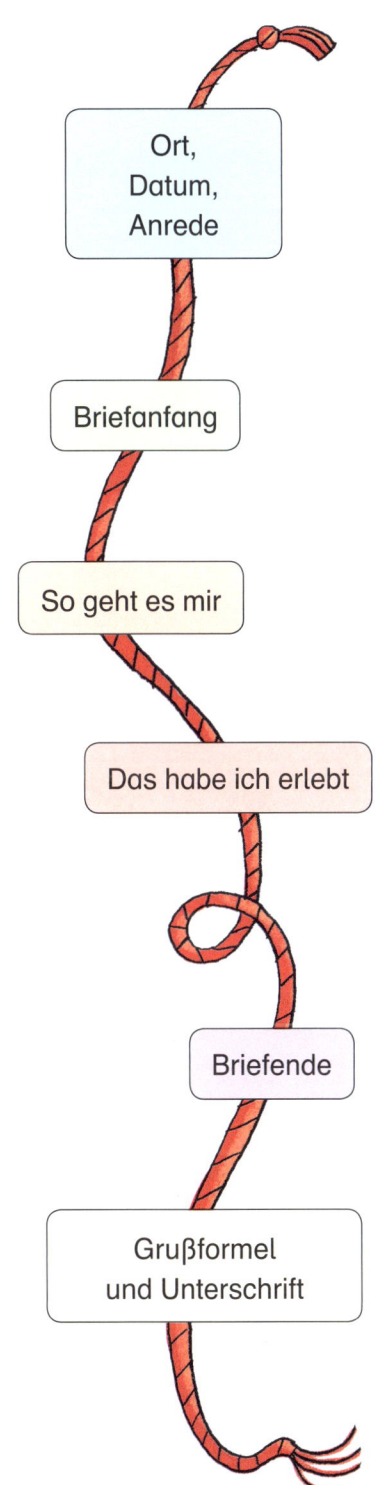

Wie geht es dir?

Bis bald

Über eine Antwort würde ich mich sehr freuen!

Lieber…

Du wolltest wissen, ob …

Mir geht es…

Ich schreibe dir einen Brief, weil…

Weißt du, was mir passiert ist? …

Liebe…

Heute antworte ich dir auf deinen Brief vom…

Hoffentlich sehen wir uns bald wieder.

Dein Freund …

Letzte Woche war ich…

Sehr geehrter Herr…

Viele liebe Grüße

Schreib mir doch auch mal einen Brief!

Erzähl mir doch mal, wie…

Sehr geehrte Frau…

Zur Zeit bin ich…

kontrolliert: ☆ 31

Brief	vor dem Üben			nach dem Üben		
	☆	☆☆	☆ ☆☆	☆	☆☆	☆ ☆☆
Kenne ich alle Teile eines Briefs und weiß, was ich bei den einzelnen Teilen schreibe?						
Schreibe ich übersichtlich? (Absätze, leserliche Schrift)						
Verwende ich gute Satzbausteine für den Briefanfang und das Briefende?						
Erzähle ich ausführlich und unterhaltsam von mir oder einem besonderen Erlebnis?						
Gehe ich auf Fragen des Empfängers ein und stelle ich Fragen?						
Beschrifte ich den Briefumschlag richtig?						
Ich bin viel auf Wörterjagd gegangen:						

① Schätze dich selbst ein.
Kreuze die gelbe Spalte an.

Du kannst auch einen eigenen Brief schreiben!

② Schreibe aus Sicht von Felix einen ausführlichen Brief an seine Oma. Verwende die Stichpunkte von Seite 26 und 27.

③ Vergleiche deinen Text mit der Tabelle und schätze dich jetzt nochmal ein. Kreuze die grüne Spalte an.

Lösungen Schreib-Stars 3

(zum Heraustrennen die mittlere Klammer lösen)

Hinweis:

In den Schreib-Stars gibt es manchmal Aufgaben, die keine eindeutige Lösung haben. Deshalb findest du im Lösungsheft an diesen Stellen LÖSUNGSBEISPIELE :

- Vergleiche deine Lösung mit den LÖSUNGSBEISPIELEN .
- Hast du die Aufgabe so ähnlich gelöst, ist sie richtig.

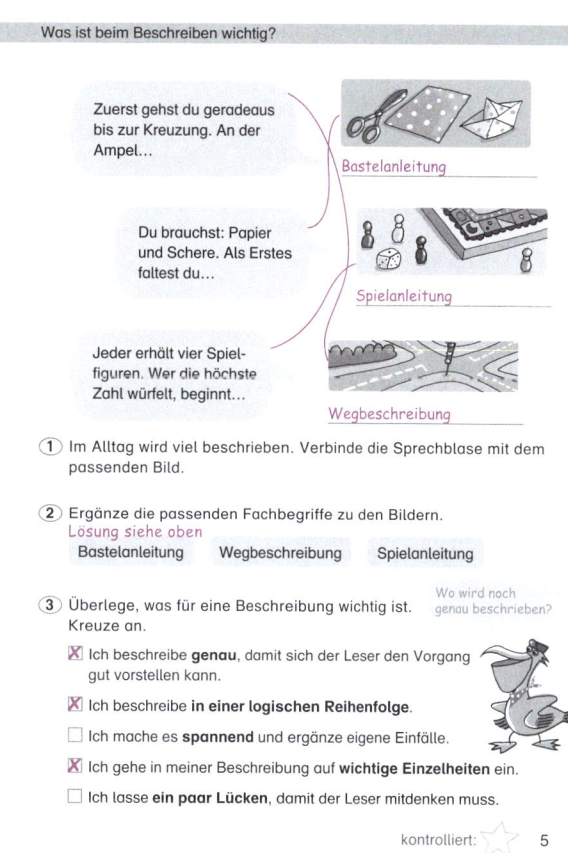

Was ist beim Beschreiben wichtig?

Zuerst gehst du geradeaus bis zur Kreuzung. An der Ampel…

Bastelanleitung

Du brauchst: Papier und Schere. Als Erstes faltest du…

Spielanleitung

Jeder erhält vier Spielfiguren. Wer die höchste Zahl würfelt, beginnt…

Wegbeschreibung

① Im Alltag wird viel beschrieben. Verbinde die Sprechblase mit dem passenden Bild.

② Ergänze die passenden Fachbegriffe zu den Bildern.
Lösung siehe oben
Bastelanleitung   Wegbeschreibung   Spielanleitung

③ Überlege, was für eine Beschreibung wichtig ist. Kreuze an.

Wo wird noch genau beschrieben?

☒ Ich beschreibe **genau**, damit sich der Leser den Vorgang gut vorstellen kann.

☒ Ich beschreibe **in einer logischen Reihenfolge**.

☐ Ich mache es **spannend** und ergänze eigene Einfälle.

☒ Ich gehe in meiner Beschreibung auf **wichtige Einzelheiten** ein.

☐ Ich lasse **ein paar Lücken**, damit der Leser mitdenken muss.

kontrolliert: ☆   5

Ein roter Faden für deine Personenbeschreibung

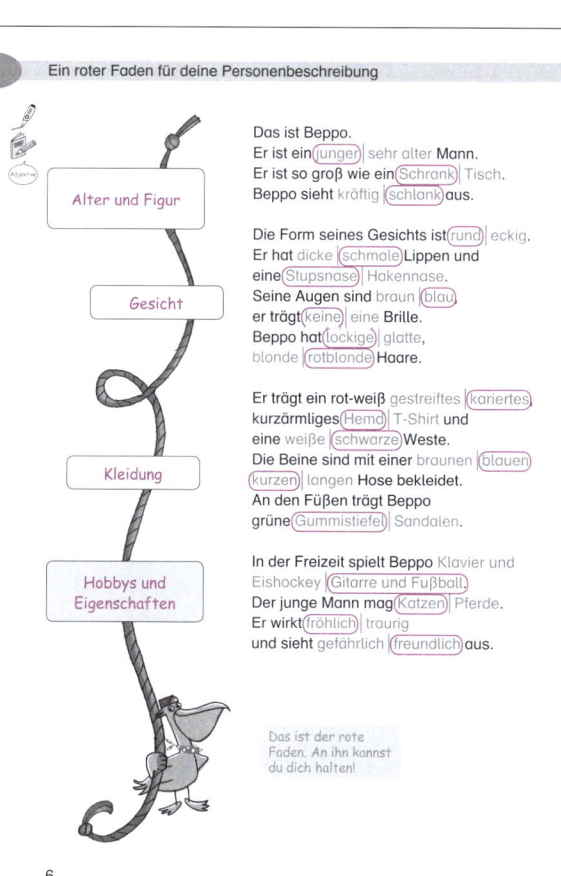

Alter und Figur

Das ist Beppo.
Er ist ein (junger) sehr alter Mann.
Er ist so groß wie ein (Schrank) Tisch.
Beppo sieht kräftig (schlank) aus.

Gesicht

Die Form seines Gesichts ist (rund) eckig.
Er hat dicke (schmale) Lippen und
eine (Stupsnase) Hakennase.
Seine Augen sind braun (blau),
er trägt (keine) eine Brille.
Beppo hat (lockige) glatte,
blonde (rotblonde) Haare.

Kleidung

Er trägt ein rot-weiß gestreiftes (kariertes),
kurzärmliges (Hemd) T-Shirt und
eine weiße (schwarze) Weste.
Die Beine sind mit einer braunen (blauen)
(kurzen) langen Hose bekleidet.
An den Füßen trägt Beppo
grüne (Gummistiefel) Sandalen.

Hobbys und Eigenschaften

In der Freizeit spielt Beppo Klavier und
Eishockey (Gitarre und Fußball).
Der junge Mann mag (Katzen) Pferde.
Er wirkt (fröhlich) traurig
und sieht gefährlich (freundlich) aus.

Das ist der rote Faden. An ihn kannst du dich halten!

Hier siehst du Beppo:

① Was stimmt? Vergleiche die Personenbeschreibung mit dem Bild und kreise alle farbigen Wörter, die Beppo richtig beschreiben, ein.
Lösung siehe Text

② Wie ist die Personenbeschreibung aufgebaut? Beschrifte den roten Faden mit den Schlüsselbegriffen.
Lösung siehe roter Faden

Gesicht   Alter und Figur   Kleidung

Hobbys und Eigenschaften

Beschreibe dein Lieblingstier. Welche Schlüsselbegriffe brauchst du hier für deinen roten Faden?

kontrolliert: ☆   7

Seite 8

Sammle Wörter für deine Personenbeschreibung

① Im Wörterpool findest du Wörter, mit denen du das Gesicht näher beschreiben kannst. Trage sie beim passenden Oberbegriff ein.

Gesichtsform	Mund	Nase
oval, kantig,	breiter Mund,	große Nase,
breite Stirn,	schmale Lippen,	Stupsnase,
rund, spitzes Kinn	volle Lippen,	gerade Nase,
	spitze Lippen	lange Nase

> oval breiter Mund schmale Lippen große Nase
> volle Lippen kantig Stupsnase breite Stirn spitze Lippen
> gerade Nase rund lange Nase spitzes Kinn

② Wie können Haare und Frisur aussehen?
Verbinde die Gesichter mit der passenden Beschreibung.

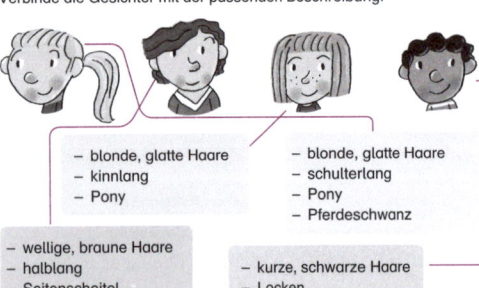

– blonde, glatte Haare
– kinnlang
– Pony

– blonde, glatte Haare
– schulterlang
– Pony
– Pferdeschwanz

– wellige, braune Haare
– halblang
– Seitenscheitel

– kurze, schwarze Haare
– Locken

8

Seite 9

③ Welche Wörter passen zum Gesicht?
Kreise sie ein.

Wie siehst du aus? Sammle Wörter, die dich gut beschreiben!

groß wie ein Riese   schmales Gesicht
uralt
(rote Wangen)   große Nase
(rundes Gesicht)   (grüne Augen)
ungefähr 1,90 m groß   von hoher Gestalt
(spitzes Kinn)
(Stupsnase)
im Alter meiner Oma
(breite Stirn) breitschultrig (Kussmund) blonde Locken
(braune Haare) blaue Augen
(Seitenscheitel)

④ Auch die Kleidung ist wichtig. Beschreibe alle Kleidungsstücke, die Mia trägt.

Bilde Sätze zu Mia. Die gesammelten Wörter können dir dabei helfen.

blauer Sonnenhut mit weißen Punkten, gelb-weiß gestreifter Pullover, blaue Weste, kurzer blauer Rock, Jeans, pinke Socken, braune Sandalen

kontrolliert: ☆   9

Seite 10

Sammle Ideen für deine Personenbeschreibung

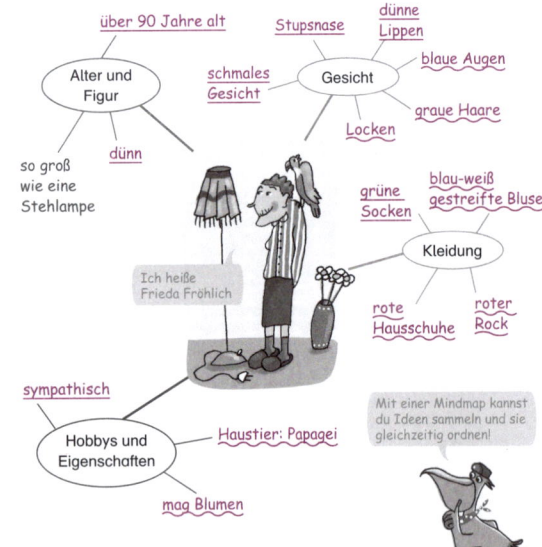

über 90 Jahre alt   Stupsnase   dünne Lippen

Alter und Figur   schmales Gesicht   Gesicht   blaue Augen

so groß wie eine Stehlampe   dünn   graue Haare   Locken

Ich heiße Frieda Fröhlich

grüne Socken   blau-weiß gestreifte Bluse

Kleidung

rote Hausschuhe   roter Rock

sympathisch

Mit einer Mindmap kannst du Ideen sammeln und sie gleichzeitig ordnen!

Hobbys und Eigenschaften   Haustier: Papagei

mag Blumen

① Pepe hat Stichwörter zu Frieda Fröhlich gesammelt.
Trage sie an passender Stelle in die Mindmap ein.
Lösung siehe unterstrichene Wörter in der Mindmap

> so groß wie eine Stehlampe über 90 Jahre alt schmales Gesicht
> dünn Stupsnase dünne Lippen grüne Socken sympathisch

② Sammle weitere Stichwörter zu Frieda Fröhlich und ergänze die Mindmap. LÖSUNGSBEISPIELE: siehe unterringelte Wörter in der Mindmap

10 kontrolliert: ☆

Seite 11

Personenbeschreibung: Jetzt bist du dran!

Schätz dich immer zweimal ein! Einmal vor dem Üben und einmal nach dem Üben!

Personenbeschreibung	vor dem Üben			nach dem Üben		
	☆	☆☆	☆☆☆	☆	☆☆	☆☆☆
Beschreibe ich genau?						
Schreibe ich abwechslungsreich und verwende beschreibende Wörter?						
Beschreibe ich in der richtigen Reihenfolge?						
Gehe ich auf alle Oberbegriffe ein?						
Schreibe ich in der Gegenwart?						
Schreibe ich in ganzen Sätzen?						
Ich bin viel auf Wörterjagd gegangen:						

① Schätze dich selbst ein. Kreuze die gelbe Spalte an.

② Beschreibe Frieda Fröhlich von Seite 10.
Der Satzbausteinkasten kann dir dabei helfen.

Das ist … Sie ist … alt	Die Frau ist so groß wie …	Frieda hat ein … Gesicht
Ihre Lippen sind … Sie hat …	Friedas Augenfarbe ist …	Sie hat … Haare.	Die Farbe ihres Rocks ist …
Sie trägt…	In ihrer Freizeit …	Als Haustier hat Frieda …	Frieda sieht … aus.	Sie wirkt …

③ Vergleiche deinen Text mit der Tabelle und schätze dich jetzt nochmal ein. Kreuze die grüne Spalte an.

☆ 11

Überschrift

Material

Ich brauche:

Anleitung

So gehts:

Als Erstes...

...als Nächstes...

Jetzt...

Anschließend...

Zum Schluss...

Schlusssatz

Windspiel „Schlange"

Ich brauche:

- einen Teller
- Tonpapier
- einen Bleistift
- Filzstifte
- eine Schere
- eine Schnur
- einen Klebestreifen

Überschriften, Absätze und Nummerierungen machen deine Bastelanleitung übersichtlich!

So gehts:

1. Als Erstes lege ich den Teller umgedreht auf das Tonpapier. Ich übertrage nun mit dem Bleistift den Umriss des Tellers auf das Tonpapier.
2. Ich zeichne als Nächstes eine Linie spiralförmig bis zu Mitte.
3. Jetzt male ich noch ein Muster mit den Filzstiften auf.
4. Anschließend schneide ich mit der Schere an der spiralförmigen Linie entlang. Ich beginne mit der Schwanzspitze und schneide dann immer rund herum.
5. Zum Schluss gestalte ich den Kopf aus und male ein Gesicht auf.
6. Als Letztes klebe ich eine Schnur mit einem Klebestreifen am Kopf fest.

Fertig ist das Windspiel! Viel Spaß damit!

12

---

① Lies die Bastelanleitung. Nummeriere die Bilder in der richtigen Reihenfolge.

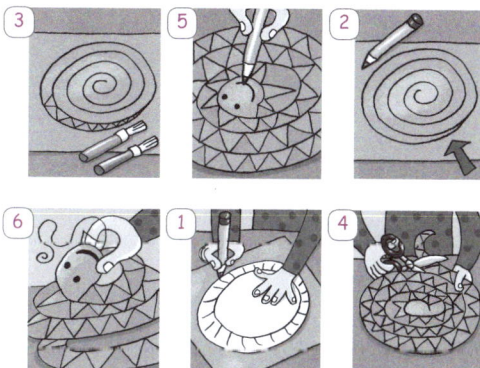

② Wie ist die Bastelanleitung aufgebaut? Beschrifte den roten Faden.

| Schlusssatz | Anleitung | Überschrift | Material |

Lösung siehe roter Faden

③ Unterstreiche alle Materialien in der Anleitung. Trage sie anschließend beim Material ein.
Lösung siehe Text

④ Wo wird eine Zeile frei gelassen? Markiere alle Absätze mit einem roten Dreieck △.
Lösung siehe Text

---

① In den Stiften findest du Wörter für deine Bastelanleitung. Markiere sie in der Farbe des Oberbegriffs. Trage sie anschließend in die Tabelle ein.

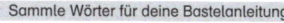

ich bestreiche · Lineal · ich falte auseinander

ein Streifen Klebeband

Tonpapier · ich zeichne · als Erstes

jetzt · nun

anschließend · ich knicke um

Bleistift · Flüssigkleber · zum Schluss

ich schneide aus · Bastelschere · als Nächstes

ich klebe

Gehe auf Wörterjagd und sammle noch mehr Wörter für deine Bastelanleitung!

Material	Satzanfänge	Verben in der Ich-Form
Lineal, ein Streifen Klebeband, Tonpapier, Bleistift, Flüssigkleber, Bastelschere	jetzt, als Erstes, nun, anschließend, zum Schluss, als Nächstes	ich falte auseinander, ich bestreiche, ich zeichne, ich knicke um, ich klebe, ich schneide aus

14

---

② Löse das Kreuzworträtsel.

$K L E B_1 E S T I F T$
$S C H E R E$
$F A_2 D E N$
$T O N P A P I E R_5$
$F I L Z S T_4 I F T$

| Lösungswort | B_1 | A_2 | S_3 | T_4 | E_5 | L_6 | N_7 |

Denk dran: Beschreibe den Materialbedarf möglichst genau!

Pepe hat diese Bastelanleitung gefunden und möchte sie aufschreiben:

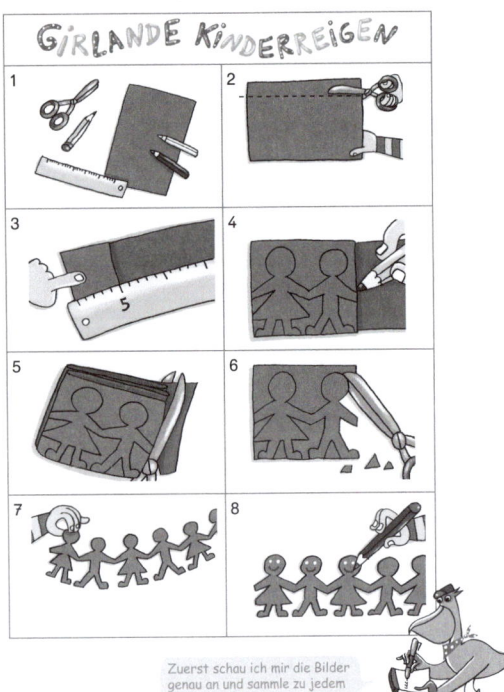

GIRLANDE KINDERREIGEN

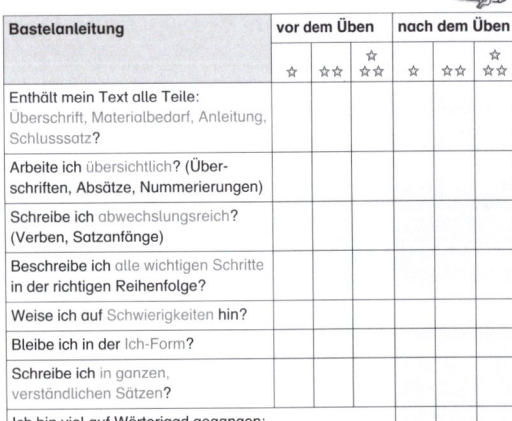

Zuerst schau ich mir die Bilder genau an und sammle zu jedem Bild Stichpunkte!

16

Mit Stichpunkten kannst du deinen Text planen!

① Welcher Stichpunktzettel gehört zu welchem Bild? Nummeriere.

1
– Tonpapier DIN A4
– Schere
– Bleistift
– Buntstifte
– Lineal

5
– Daraufhin
– Streifen Papier wie eine Ziehharmonika falten
– Überstehendes Ende abschneiden

7
– Anschließend
– vorsichtig auseinanderfalten

4
– Im nächsten Schritt
– mit Bleistift Umriss von Mädchen und Junge zeichnen
– Hände berühren sich
– Darauf achten: Arme bis zum Rand

3
– Nun
– Papierstreifen umknicken
– ungefähr 5 cm

6
– Jetzt
– beide Kinder ausschneiden
– Wichtig: Arme nicht durchschneiden

② Notiere Stichpunkte zu Bild Nr. 2 und 8. LÖSUNGSBEISPIELE:

2
- Als Erstes
- mit der Schere
- einen Streifen Tonpapier abschneiden

8
- Zuletzt
- mit Buntstiften
- Gesichter aufmalen

kontrolliert: ☆ 17

Bastelanleitung	vor dem Üben			nach dem Üben		
	☆	☆☆	☆☆ ☆☆	☆	☆☆	☆ ☆☆
Enthält mein Text alle Teile: Überschrift, Materialbedarf, Anleitung, Schlusssatz?						
Arbeite ich übersichtlich? (Überschriften, Absätze, Nummerierungen)						
Schreibe ich abwechslungsreich? (Verben, Satzanfänge)						
Beschreibe ich alle wichtigen Schritte in der richtigen Reihenfolge?						
Weise ich auf Schwierigkeiten hin?						
Bleibe ich in der Ich-Form?						
Schreibe ich in ganzen, verständlichen Sätzen?						
Ich bin viel auf Wörterjagd gegangen:						

① Schätze dich selbst ein. Kreuze die gelbe Spalte an.

② Schreibe zu den Bildern auf Seite 16 eine Bastelanleitung. Du brauchst Hilfe? Verwende die Stichwortzettel von Seite 17.

③ Vergleiche deinen Text mit der Tabelle und schätze dich jetzt nochmal ein. Kreuze die grüne Spalte an.

Meine Tipps zum Texte überarbeiten findest du auf Seite 64!

18 ☆

---

① Im Alltag werden viele Nachrichten ausgetauscht. Welche sind gut gelungen? Kreise sie ein.
Lösung siehe unten

② Wer ist Absender, wer Empfänger? Suche in den Nachrichten die Namen und schreibe sie unter das passende Bild.

Absender	Nachricht	Empfänger

Hi herr bürgermeister müller! Kannst du uns einen neuen spielplatz bauen? LG max

Max

Bürgermeister Müller

Anna

Telefonnotiz

Mama, bitte Herrn Bauer von Elektro Bauer zurückrufen, wegen Kühlschrank; Tel.: 08059-393354, Anna

Mama

Luka

Nürnberg, den 15.09.15

Liebe Oma Rosi,

wie geht es dir? Hoffentlich ist es nicht zu langweilig im Krankenhaus. Gestern war der erste Schultag nach den Ferien und wir haben eine neue Lehrerin. Sie hat...

Viele Grüße dein Luka

Oma Rosi

kontrolliert: ☆ 19

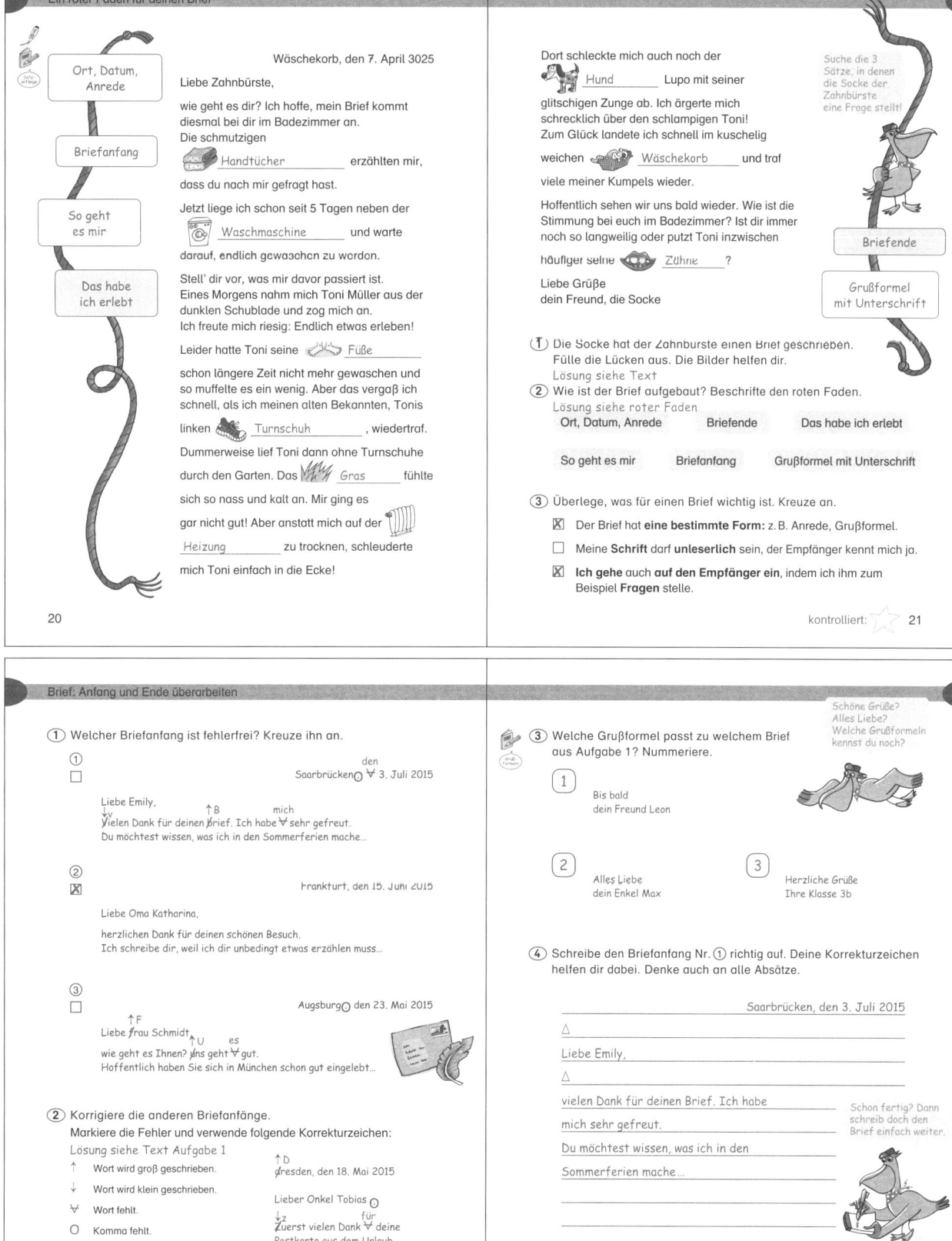

Ort, Datum, Anrede

Briefanfang

So geht es mir

Das habe ich erlebt

Wäschekorb, den 7. April 3025

Liebe Zahnbürste,

wie geht es dir? Ich hoffe, mein Brief kommt diesmal bei dir im Badezimmer an.
Die schmutzigen Handtücher erzählten mir, dass du nach mir gefragt hast.

Jetzt liege ich schon seit 5 Tagen neben der Waschmaschine und warte darauf, endlich gewaschen zu werden.

Stell' dir vor, was mir davor passiert ist. Eines Morgens nahm mich Toni Müller aus der dunklen Schublade und zog mich an. Ich freute mich riesig: Endlich etwas erleben!

Leider hatte Toni seine Füße schon längere Zeit nicht mehr gewaschen und so muffelte es ein wenig. Aber das vergaß ich schnell, als ich meinen alten Bekannten, Tonis linken Turnschuh, wiedertraf.
Dummerweise lief Toni dann ohne Turnschuhe durch den Garten. Das Gras fühlte sich so nass und kalt an. Mir ging es gar nicht gut! Aber anstatt mich auf der Heizung zu trocknen, schleuderte mich Toni einfach in die Ecke!

Dort schleckte mich auch noch der Hund Lupo mit seiner glitschigen Zunge ab. Ich ärgerte mich schrecklich über den schlampigen Toni!
Zum Glück landete ich schnell im kuschelig weichen Wäschekorb und traf viele meiner Kumpels wieder.

Hoffentlich sehen wir uns bald wieder. Wie ist die Stimmung bei euch im Badezimmer? Ist dir immer noch so langweilig oder putzt Toni inzwischen häufiger seine Zähne?

Liebe Grüße
dein Freund, die Socke

Suche die 3 Sätze, in denen die Socke der Zahnbürste eine Frage stellt!

Briefende

Grußformel mit Unterschrift

① Die Socke hat der Zahnbürste einen Brief geschrieben.
Fülle die Lücken aus. Die Bilder helfen dir.
Lösung siehe Text

② Wie ist der Brief aufgebaut? Beschrifte den roten Faden.
Lösung siehe roter Faden

Ort, Datum, Anrede   Briefende   Das habe ich erlebt

So geht es mir   Briefanfang   Grußformel mit Unterschrift

③ Überlege, was für einen Brief wichtig ist. Kreuze an.

☒ Der Brief hat **eine bestimmte Form:** z. B. Anrede, Grußformel.

☐ Meine **Schrift** darf **unleserlich** sein, der Empfänger kennt mich ja.

☒ **Ich gehe** auch **auf den Empfänger ein,** indem ich ihm zum Beispiel **Fragen** stelle.

20

kontrolliert: 21

---

① Welcher Briefanfang ist fehlerfrei? Kreuze ihn an.

①
☐

den
Saarbrücken○ ∀ 3. Juli 2015

Liebe Emily,
↓v   ↑B   mich
∀ielen Dank für deinen brief. Ich habe ∀ sehr gefreut.
Du möchtest wissen, was ich in den Sommerferien mache…

②
☒

Frankfurt, den 15. Juni 2015

Liebe Oma Katharina,

herzlichen Dank für deinen schönen Besuch.
Ich schreibe dir, weil ich dir unbedingt etwas erzählen muss…

③
☐

Augsburg○ den 23. Mai 2015

↑F
Liebe frau Schmidt,
↑U   es
wie geht es Ihnen? ns geht ∀ gut.
Hoffentlich haben Sie sich in München schon gut eingelebt…

② Korrigiere die anderen Briefanfänge.
Markiere die Fehler und verwende folgende Korrekturzeichen:
Lösung siehe Text Aufgabe 1

↑ Wort wird groß geschrieben.
↓ Wort wird klein geschrieben.
∀ Wort fehlt.
○ Komma fehlt.

↑D
dresden, den 18. Mai 2015

Lieber Onkel Tobias ○
↓z   für
Zuerst vielen Dank ∀ deine
Postkarte aus dem Urlaub…

③ Welche Grußformel passt zu welchem Brief aus Aufgabe 1? Nummeriere.

Schöne Grüße?
Alles Liebe?
Welche Grußformeln kennst du noch?

1

Bis bald
dein Freund Leon

2

Alles Liebe
dein Enkel Max

3

Herzliche Grüße
Ihre Klasse 3b

④ Schreibe den Briefanfang Nr. ① richtig auf. Deine Korrekturzeichen helfen dir dabei. Denke auch an alle Absätze.

Saarbrücken, den 3. Juli 2015
△
Liebe Emily,
△
vielen Dank für deinen Brief. Ich habe
mich sehr gefreut.
Du möchtest wissen, was ich in den
Sommerferien mache…

Schon fertig? Dann schreib doch den Brief einfach weiter.

⑤ Markiere in deinem Briefanfang alle Absätze mit einem roten Dreieck △. Lösung siehe Text Aufgabe 4

22

kontrolliert: 23

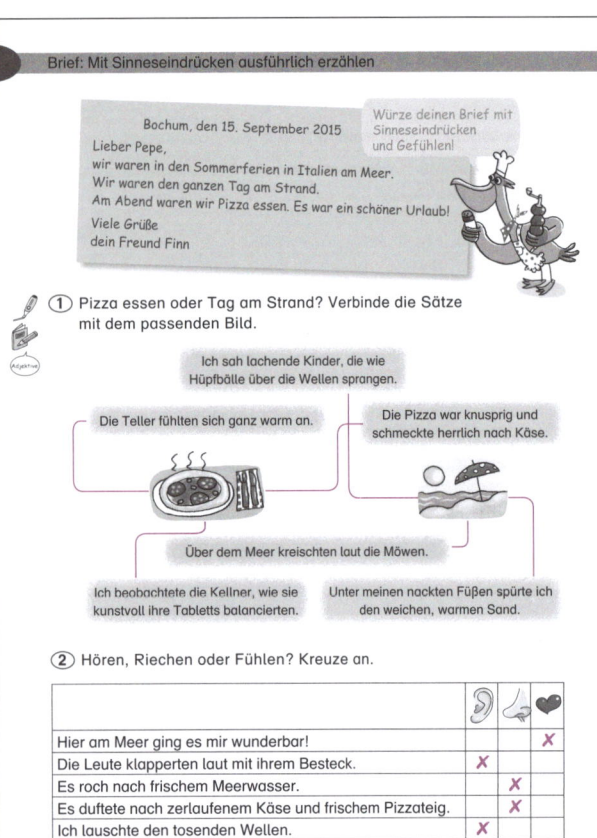

Bochum, den 15. September 2015

Lieber Pepe,
wir waren in den Sommerferien in Italien am Meer.
Wir waren den ganzen Tag am Strand.
Am Abend waren wir Pizza essen. Es war ein schöner Urlaub!
Viele Grüße
dein Freund Finn

Würze deinen Brief mit Sinneseindrücken und Gefühlen!

① Pizza essen oder Tag am Strand? Verbinde die Sätze mit dem passenden Bild.

Ich sah lachende Kinder, die wie Hüpfbälle über die Wellen sprangen.

Die Teller fühlten sich ganz warm an.

Die Pizza war knusprig und schmeckte herrlich nach Käse.

Über dem Meer kreischten laut die Möwen.

Ich beobachtete die Kellner, wie sie kunstvoll ihre Tabletts balancierten.

Unter meinen nackten Füßen spürte ich den weichen, warmen Sand.

② Hören, Riechen oder Fühlen? Kreuze an.

	👂	👃	❤️
Hier am Meer ging es mir wunderbar!			✗
Die Leute klapperten laut mit ihrem Besteck.	✗		
Es roch nach frischem Meerwasser.		✗	
Es duftete nach zerlaufenem Käse und frischem Pizzateig.		✗	
Ich lauschte den tosenden Wellen.	✗		

③ Mit Sinneseindrücken und Gefühlen wird Finns Brief ausführlicher. Schreibe mithilfe der Bilder eigene Sätze.

Bochum, den 15. September 2015

Lieber Pepe,   LÖSUNGSBEISPIELE:

wir waren in den Sommerferien in Italien am Meer.
Wir waren den ganzen Tag am Strand.

👃 Es roch nach Pommes und Sonnencreme.

✋ An den Füßen spürte ich das kühle Meerwasser.

❤️ Mir ging es wunderbar!

Am Abend waren wir Pizza essen.

👁 Ich sah Kellner, die große Pizzen an die Tische trugen.

👂 Ich hörte leise Musik aus dem Radio.

👄 Die Pizza schmeckte lecker nach frischer Tomate.

Es war ein schöner Urlaub!

Viele Grüße
dein Freund Finn

Brauchst du Hilfe? Hier findest du Satzbausteine!

Ich sah ...

Mir ging es ...

Ich hörte ...

An den ... spürte ich ...

... schmeckte ...

Vergleiche deinen fertigen Brief mit Finns erstem Versuch (S. 24). Was fällt dir auf?

kontrolliert: ⭐

---

① Felix möchte seiner Oma schreiben. Er hat Stichpunkte gesammelt.
a) Fülle die Lücken aus. Die Bilder helfen dir dabei. Lösung siehe unten
b) Welche Stichpunkte gehören zu welchem Teil des Briefs? Beschrifte. Lösung siehe unten

Briefanfang   So geht es mir   Das habe ich erlebt   Briefende

c) Aber Vorsicht: Immer ein Stichpunkt auf den Zetteln gehört nicht dazu. Streiche ihn weg. Lösung siehe unten

② Zwei Stichpunktzettel sind noch leer geblieben. Hilf Felix und notiere Stichpunkte zu diesen Briefteilen.

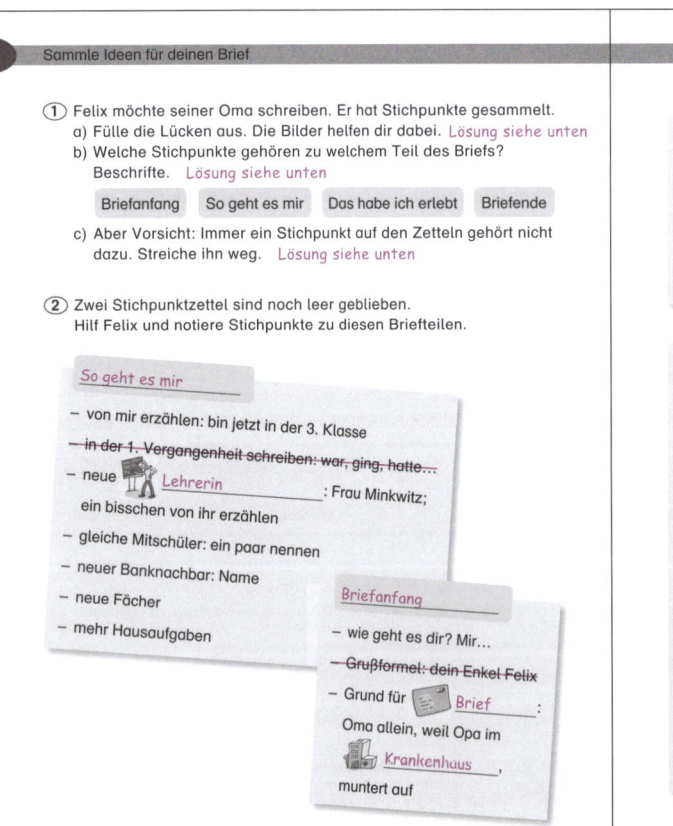

So geht es mir
– von mir erzählen: bin jetzt in der 3. Klasse
– in der 1. Vergangenheit schreiben: war, ging, hatte...
– neue 🏫 Lehrerin : Frau Minkwitz; ein bisschen von ihr erzählen
– gleiche Mitschüler: ein paar nennen
– neuer Banknachbar: Name
– neue Fächer
– mehr Hausaufgaben

Briefanfang
– wie geht es dir? Mir...
– Grußformel: dein Enkel Felix
– Grund für 📮 Brief : Oma allein, weil Opa im 🏥 Krankenhaus , muntert auf

Briefende
– ... hoffentlich 👀 sehen wir uns bald wieder
– ...möchte dir von mir erzählen!
– Wie war das, als du in der 3. Klasse warst?

Ort, Datum Anrede
LÖSUNGSBEISPIEL:
Köln, den 1. Mai 2016
Liebe Oma,

Das habe ich erlebt
– Ausflug mit Eltern ins 🏊 Schwimmbad
– Sinneseindrücke dort:
Was 👀 sehe ich?
Was 👂 höre ich?
Was 👃 rieche ich ?
Was ❤️ fühle ich?
– Grußformel: Liebe Grüße
– lief zur 🛝 Rutsche , oben viel los, musste anstehen, plötzlich bekanntes Gesicht: mein neuer Banknachbar!
– hatten noch viel Spaß zusammen!

Grußformel und Unterschrift
LÖSUNGSBEISPIEL:
Liebe Grüße
Dein Enkel Felix

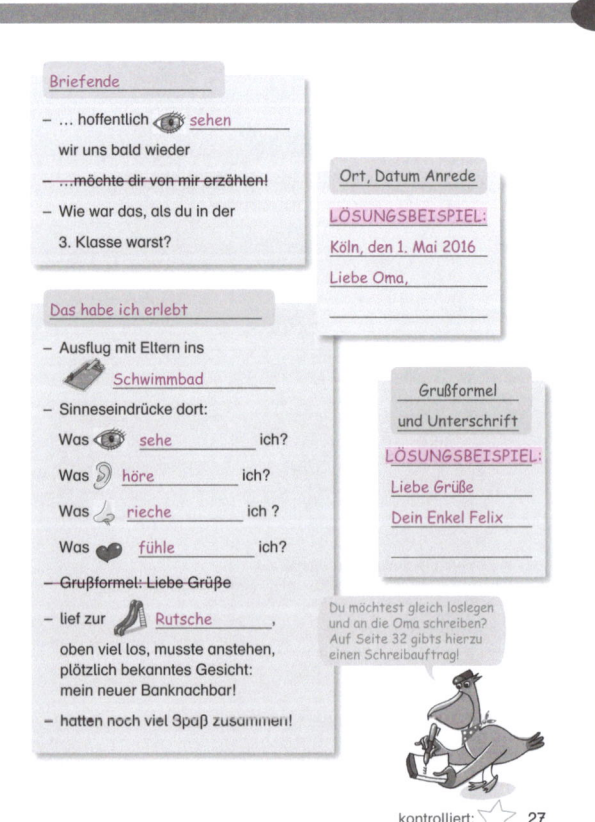

Du möchtest gleich loslegen und an die Oma schreiben? Auf Seite 32 gibts hierzu einen Schreibauftrag!

kontrolliert: ⭐

① Felix möchte seiner Oma vom Ausflug ins Schwimmbad schreiben. Das sind die Bilder vom Ausflug. Nummeriere sie in der richtigen Reihenfolge.

 5
 4
 1
 2
 6
 3

Das ist eine super Übung! Mache Fotos von einem Ausflug, sortiere sie und erzähle dazu!

28

Wenn du in deinem Brief von einem Erlebnis erzählst, solltest du in der 1. Vergangenheit schreiben.

② In Felix' Erzählung vom Ausflug fehlen einige Verben.
a) Schreibe sie zuerst in der 1. Vergangenheit auf.
b) Setze sie nun an passender Stelle im Text ein.

machen – ich machte	merken – ich merkte
wollen – ich wollte	fühlen – ich fühlte
stellen – ich stellte	haben – wir hatten
sehen – ich sah	laufen – ich lief

Letzten Sonntag machte ich mit meinen Eltern einen Ausflug ins Schwimmbad. Nachdem wir uns rasch umgezogen hatten, lief ich sofort in Richtung Becken. Das Wasser war angenehm kühl und es roch ein bisschen nach Chlor. Ich fühlte mich wunderbar schwerelos. Da sah ich die große Wasserrutsche. Von dort war ein fröhliches Kreischen der Kinder zu hören, die mit hohem Tempo ins Becken rutschten. Das wollte ich auch ausprobieren. Also stellte ich mich in die Schlange. Plötzlich merkte ich, wie mir jemand von hinten auf die Schulter tippte. Als ich mich umdrehte, blickte ich in ein bekanntes Gesicht. Stell dir vor, es war mein neuer Banknachbar aus der Schule! Was für ein Zufall! Gemeinsam hatten wir noch viel Spaß im Schwimmbad. Das war super!

Felix hat viele gute Satzanfänge verwendet! Sammle noch mehr Satzanfänge!

kontrolliert: ☆ 29

---

① So hat Felix den Briefumschlag an seine Oma beschriftet.
a) Wo steht der Absender, wo der Empfänger? Verbinde.
b) Wohin gehört die Briefmarke? Zeichne eine Briefmarke ein und verbinde sie mit der Wortkarte.

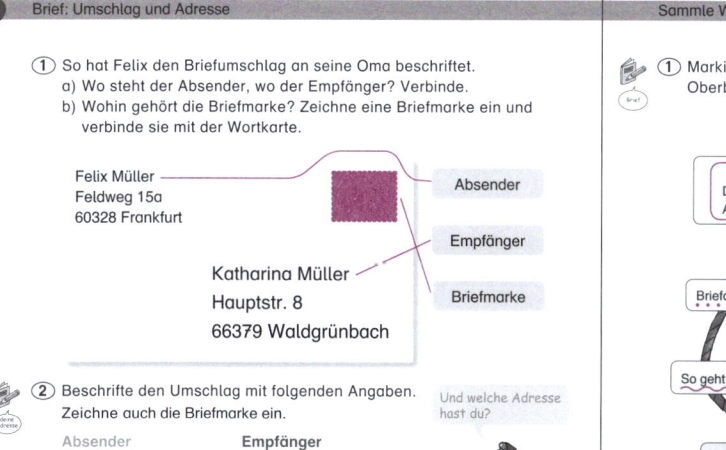

Felix Müller
Feldweg 15a
60328 Frankfurt

Absender

Empfänger

Katharina Müller
Hauptstr. 8
66379 Waldgrünbach

Briefmarke

② Beschrifte den Umschlag mit folgenden Angaben. Zeichne auch die Briefmarke ein.

Und welche Adresse hast du?

Absender		Empfänger	
82308	Huber	40474	56
Miriam	Sommerstr.	Ali	Paul-Klee-Str.
Peißenberg	25	Düsseldorf	Gök

Vorname, Name, Postleitzahl, Ort und Straße? Kennst du die richtige Reihenfolge?

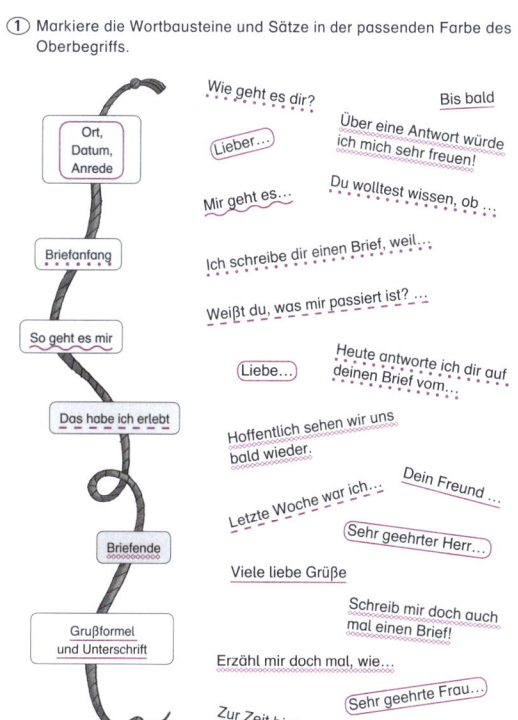

Miriam Huber
Sommerstr. 25
82308 Peißenberg

Ali Gök
Paul-Klee-Str. 56
40474 Düsseldorf

---

① Markiere die Wortbausteine und Sätze in der passenden Farbe des Oberbegriffs.

Ort, Datum, Anrede

Briefanfang

So geht es mir

Das habe ich erlebt

Briefende

Grußformel und Unterschrift

Wie geht es dir?

Bis bald

Über eine Antwort würde ich mich sehr freuen!

Lieber...

Mir geht es...

Du wolltest wissen, ob ...

Ich schreibe dir einen Brief, weil...

Weißt du, was mir passiert ist? ...

Liebe...

Heute antworte ich dir auf deinen Brief vom...

Hoffentlich sehen wir uns bald wieder.

Dein Freund ...

Letzte Woche war ich...

Sehr geehrter Herr...

Viele liebe Grüße

Schreib mir doch auch mal einen Brief!

Erzähl mir doch mal, wie...

Sehr geehrte Frau...

Zur Zeit bin ich...

kontrolliert: ☆ 31

Brief	vor dem Üben			nach dem Üben		
	☆	☆☆	☆☆☆	☆	☆☆	☆☆☆
Kenne ich alle Teile eines Briefs und weiß, was ich bei den einzelnen Teilen schreibe?						
Schreibe ich übersichtlich? (Absätze, leserliche Schrift)						
Verwende ich gute Satzbausteine für den Briefanfang und das Briefende?						
Erzähle ich ausführlich und unterhaltsam von mir oder einem besonderen Erlebnis?						
Gehe ich auf Fragen des Empfängers ein und stelle ich Fragen?						
Beschrifte ich den Briefumschlag richtig?						
Ich bin viel auf Wörterjagd gegangen:						

① Schätze dich selbst ein. Kreuze die gelbe Spalte an.

Du kannst auch einen eigenen Brief schreiben!

② Schreibe aus Sicht von Felix einen ausführlichen Brief an seine Oma. Verwende die Stichpunkte von Seite 26 und 27.

③ Vergleiche deinen Text mit der Tabelle und schätze dich jetzt nochmal ein. Kreuze die grüne Spalte an.

---

① Diese Kinder berichten von ihren Schwierigkeiten beim Erzählen. Pepe hat für jeden einen passenden Tipp. Ordne zu und verbinde.

 Ich habe einfach keine Ideen!

 Denke an das „Grobgerüst". Wie ist die Ausgangssituation? Welches Problem tritt auf? Wie wird das Problem gelöst?

 In meinen Geschichten passiert zwar viel, aber es fehlt die Spannung!

Lege dir eine Sammlung mit Erzählideen an! Beim Autofahren, im Bus, auf dem Schulweg lassen sich diese mündlich ausschmücken. Das ist eine prima Übung!

 Meine Geschichten sind viel zu kurz.

Schmücke deine Geschichten mit Sinneseindrücken und Gefühlen aus: Was siehst du? Was hörst du? Was riechst oder schmeckst du? Welche Gefühle hast du?

② Überlege, was beim Erzählen wichtig ist. Kreuze an.

☒ Eine Erzählung soll **unterhalten**. Ich schreibe **spannend** und schmücke meine Geschichte aus.

☐ Die Hauptsache ist, dass die Geschichte **lang** wird. Notfalls schreibe ich am Ende einfach noch ein paar Sätze dazu.

☒ **Wörtliche Rede** und **Sinneseindrücke** würzen meine Geschichte: Der Leser hat so das Gefühl, noch mehr „dabei" zu sein.

☐ Ich berichte **kurz und knapp** von einem Erlebnis.

Ausgangs-situation

Achte auf die Luftballons! Merkst du, wie die Spannung steigt?

Problem tritt auf

An einem Samstagmorgen ging Klara einkaufen. Gemütlich schlenderte sie durch den Laden und füllte

ihren  Einkaufswagen .

„Zuhause koche ich dann Pudding für Mama und
5 mich", beschloss das Mädchen freudig. Noch einmal überprüfte Klara ihren Einkaufszettel. Nun hatte sie alles beisammen. „Jetzt nur noch an die Kasse und zahlen", dachte sie zufrieden. Sie legte alle Sachen aufs Band und stellte sich abwartend in die Schlange.

10 „Ach ja, ich brauch den Geldbeutel !",

sagte sich Klara und griff in ihre Hosentasche. Doch dort war er nicht! Hektisch griff Klara in die andere Hosentasche. Nichts! Sie durchsuchte ihre

Jacke und ihre Einkaufstasche.
15 Der Geldbeutel blieb verschwunden.
„Das kann doch nicht sein! Ich habe ihn doch eingepackt!", flüsterte Klara und fühlte Panik in sich aufsteigen. Da setzte sich auch schon das elektrische Band in Bewegung. „Oje, gleich bin ich dran", schoss
20 es Klara durch den Kopf. Sie sah sich um. Hinter ihr war eine endlos lange Schlange mit Leuten, die ungeduldig und missmutig dreinblickten. Klara wurde ganz heiß. „Was mache ich bloß?", klagte das Mädchen still.

25 „20 Euro und 50 Cent

machts dann bei dir", hörte Klara die laute Stimme der

Kassiererin und zuckte zusammen. Mit

hochrotem Kopf stand Klara vor der Kasse. Da wiederholte die Verkäuferin genervt: „20 Euro und 50
30 Cent! H-a-l-l-o, junges Fräulein, Du musst z-a-h-l-e-n!"

„Ich finde meinen Geldbeutel nicht", gab Klara kaum hörbar zu. Ärgerlich verzog die Dame an der Kasse ihr Gesicht und schnaubte verächtlich.

Klara fühlte Tränen in sich
35 aufsteigen.
„Das ist kein Problem", ertönte in diesem Moment eine beschwichtigende Stimme. Klara erkannte ihre Nachbarin Frau Schmittlein, die sich nach vorne schob und erklärte: „Ich kenne die junge Dame
40 und zahle für sie!" Erleichtert packte Klara ihre Sachen ein. Frau Schmittlein zwinkerte ihr zu:

„Alles halb so wild! Das Geld

gibst du mir einfach später. Zum Glück gibts immer jemanden, der hilft!"

Lösung!

Die Luft geht schnell aus dem Luftballon raus! Drum schreibe zum Schluss hin kurz und knapp!

① Lies die Geschichte aufmerksam und fülle die Lücken aus. Die Bilder helfen dir dabei. *Lösung siehe Text*

② Wie ist die Geschichte aufgebaut? Beschrifte den roten Faden. *Lösung siehe roter Faden*
Problem tritt auf   Ausgangssituation   Lösung!

Findest du meine Tipps in der Geschichte wieder?

Pepes Gewürzkiste für Geschichten

Sinneseindrücke und Gefühle?
2:1! Satz – Satz – Wörtliche Rede!
Mehr Pfiff durch Adjektive!
Denke an meine Spannungsluftballons!

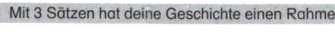

Bilde drei Sätze für den Spannungsbogen!

Ausgangssituation	Problem tritt auf	Lösung
An einem Samstagmorgen ging Klara einkaufen.	An der Kasse stellte sie fest, dass sie ihren Geldbeutel vergessen hatte.	Zum Glück stand in der Schlange ihre Nachbarin und bezahlte für sie.

① Hier sind drei Geschichten durcheinandergeraten.
Verbinde die Textteile, die zusammengehören, mit einem roten Faden.

In den Ferien besuchte Klara ihren kranken Freund Toni.	Da hörte sie plötzlich Meeresrauschen und ein Piratenschiff segelte in ihr Zimmer.	Als sie sich umdrehte, erkannte sie ihren Freund Toni.
An einem Samstagabend lag Klara in ihrem Bett.	Plötzlich merkte sie, dass sie jemand verfolgte.	Schweißgebadet wachte sie auf: Zum Glück war es nur ein Traum.
An einem regnerischen Novembertag ging Klara mit ihrem Hund spazieren.	Auf einmal fühlte sich Klara ganz schwach.	„Kein Problem", meinte Tonis Mutter, „wir machen einfach eine Krankenstation auf."

② Wie müssen die Spannungsluftballons zu den Textteilen aussehen? Zeichne Pepes Luftballons ein.

Ausgangssituation

Problem tritt auf

Lösung

36

---

③ Diese Geschichte hat Pepe in drei Sätzen aufgeschrieben.
Betrachte die Bilder. Ergänze passende Wortbausteine.

An einem schönen Wintertag ging Klara Schlitten fahren und fuhr einen Berg hinunter .

Plötzlich wurde der Schlitten schneller und schneller und in der Ferne tauchte eine Schanze auf .

Zu ihrer Überraschung war Klara in einem riesigen weichen Schneehaufen gelandet.

schneller und schneller   erblickte   Plötzlich

Schneehaufen   fuhr...hinunter   Zu ihrer Überraschung

An einem schönen Wintertag   tauchte...auf

Wie könnte sich das Problem zuspitzen? Notiere, was zwischen Bild 2 und 3 passieren könnte.

---

① So hat Pepe die Geschichte von Seite 37 aufgeschrieben.
a) Male vor jeden Satz den passenden Sinneseindruck.
b) Was erlebt Klara nach ihrer Landung? Ergänze zwei Sätze.

An einem schönen Wintertag ging Klara Schlitten fahren und fuhr einen steilen Berg hinunter.

Klara roch die frische Winterluft.

In ihrem Gesicht spürte sie den kühlen Fahrtwind.

Sie fühlte sich glücklich und unendlich frei.

Auf einmal wurde der Schlitten schneller und schneller und in der Ferne tauchte eine Schanze auf.

Der Wind piff stärker und der Schlitten holperte über die Piste.

Klara bekam Angst.

Klara versuchte zu bremsen, aber sie steuerte unaufhaltsam auf die Schanze zu und flog mitsamt Schlitten durch die Luft.

Plötzlich sah Klara keinen Boden mehr unter ihr.

Um sie herum war nur noch das Heulen des Windes zu hören.

Klara erwartete verzweifelt den Aufprall.

Doch der kam nicht.
Zu ihrer Überraschung war Klara in einem riesigen weichen Schneehaufen gelandet. **LÖSUNGSBEISPIEL:**

Sie spürte den kühlen Schnee unter sich.

Klara fühlte sich sehr erleichtert.

„Gar nicht so übel!", dachte Klara und stapfte den Berg wieder hinauf.

Verwende diese Zeichen!

Riechen
Sehen
Hören
Schmecken
Tasten
Fühlen

Eigentlich ganz einfach:
1 Sinn = 1 Satz

---

① Zu welchem Bild der Geschichte passt die Sprechblase?
Verbinde. Eine Sprechblase gehört nicht dazu.

Puh, Glück gehabt!

Schau mal, ein Schneemann!

Dieser Tag ist spitze!

Hilfe! Eine Schanze! Ich muss bremsen!

Erinnerst du dich an meine Gewürzkiste? Wörtliche Rede macht deine Geschichte lebendiger!

② Suche ein passendes Verb für den Redebegleitsatz und schreibe die drei Sprechblasen aus Aufgabe 1 als wörtliche Rede auf.

Klara jubelte : „Dieser Tag ist spitze!"

Klara schrie : „Hilfe! Eine Schanze!

Ich muss bremsen!"

Klara atmete auf : „Puh, Glück gehabt!"

Denke an die Anführungszeichen! „..."

fragte   erzählte   atmete auf   jubelte   schrie   klagte

③ Markiere in Aufgabe 2 alle Anführungszeichen.
Lösung siehe Text Aufgabe 2

1 Baue dir deinen eigenen Einleitungssatz.
Verwende dazu Bausteine aus dem Ruderboot.

LÖSUNGSBEISPIEL: Letztes Jahr im Sommerurlaub ging

der fröhliche Toni mit seinem großen Hund Lupo

am Strand spazieren.

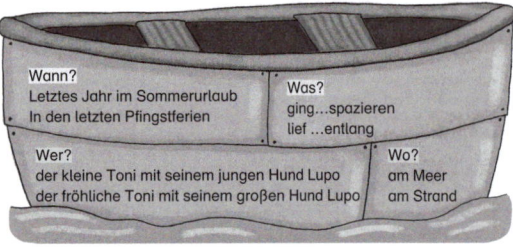

Wann?
Letztes Jahr im Sommerurlaub
In den letzten Pfingstferien

Was?
ging…spazieren
lief …entlang

Wer?
der kleine Toni mit seinem jungen Hund Lupo
der fröhliche Toni mit seinem großen Hund Lupo

Wo?
am Meer
am Strand

2 Wie würdest du die Einleitung fortsetzen?
Kreuze einen der Vorschläge an.

☒ Toni stapfte barfuß durch den Sand, während Lupo
schwanzwedelnd neben ihm herlief. Der Geruch von Abenteuer lag
in der Luft. Toni rätselte: „Ob es wohl noch echte Seeräuber gibt?"
Plötzlich…

Führe in der Einleitung
zielgenau zum Problem hin!

☐ Lupo lief ins Wasser. Toni rief: „Komm zurück!"
Aber Lupo hörte nicht auf ihn. Dann kam er doch. Toni
und Lupo gingen weiter. Dann lief Lupo wieder davon.
Jetzt kam er wieder. Sie gingen weiter. Plötzlich…

Toni geht mit Lupo am Strand spazieren.

Plötzlich bellt Lupo ganz laut und bringt eine Flasche mit Zettel.

?

Mein Tipp für deinen Schluss!

1 Dieser Schluss ist zu lang geworden.
Welcher Absatz ist überflüssig? Streiche ihn durch.

… Jetzt öffnete Toni die Flaschenpost
und begann aufgeregt zu lesen:
„Lieber Toni! Wir wollen dich heute zum Eisessen
einladen…" Hastig überflog Toni den Rest der
Nachricht: „Treffen… am Leuchtturm…
16 Uhr… Viele Grüße, Mama und Papa."
Es war also gar keine Nachricht von den Piraten!
Enttäuscht ließ Toni den Zettel sinken.

~~Wütend warf Toni die Flasche weit weg ins Meer.
Doch Lupo sprang ihr hinterher und brachte
die Flasche wieder. Toni war immer noch wütend.
Er warf sie wieder ins Meer und Lupo holte sie wieder
und so ging es noch viele Male.
Dann ließ Lupo die Flasche doch liegen und sie
gingen nach Hause.~~

„Ach Lupo, ich hatte mich so auf eine echte
Flaschenpost gefreut", sagte Toni traurig. Da stupste
ihn Lupo tröstend mit seiner feuchten Nase an, bis
sich ein Lächeln auf Tonis Gesicht schlich. Toni
flüsterte: „Du hast ja Recht, Lupo: Vorfreude ist
manchmal die schönste Freude".

Jetzt…
Lösung!
2-3 Sätze

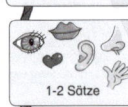
1-2 Sätze

… + ♥
1 Satz

Da…
Ende finden!
1 Satz

Ein besonderer letzter Satz!

Schreibe die ganze
Geschichte von Toni und
Lupo auf. Du kannst dir
auch einen anderen Schluss
ausdenken.

kontrolliert: ☆ 41

Kann man etwas aus der Geschichte lernen?

Gibt es ein Sprichwort?

Gibt es ein Wortspiel?

Tipp für den Notfall: Bilde eine Frage!

Meine Tipps für deine Überschrift!

1 Lies noch einmal die Geschichte auf Seite 34.
Welche Überschrift passt am besten? Kreise sie ein.

Klara erlebt an der Kasse eine böse Überraschung

(Rettung in höchster Not)

Klara vergisst ihren Geldbeutel

Klara hat keinen Einkaufszettel

Überschrift
– Spannend!
– Macht neugierig!
– Kurz und knackig wie eine Essiggurke!

2 Jetzt bist du die Lehrerin/der Lehrer!
a) Lies noch einmal die Geschichte auf Seite 37/38.
b) Schreibe einen passenden Kommentar zu jeder Überschrift.

Die Überschrift verrät zu viel.   Die Überschrift passt nicht zur Geschichte.

Die Überschrift ist zu lang.   Prima! Die Überschrift ist gut.

So ein Pech! Die Überschrift passt nicht zur Geschichte.

Klara landet im
Schneehaufen Die Überschrift verrät zu viel.

Übermut tut
manchmal gut! Prima! Die Überschrift ist gut.

Klara macht eine rasante Schlittenfahrt
mit überraschendem Ende Die Überschrift ist zu lang.

3 Überlege dir eine treffende Überschrift für die Geschichte von Toni
und Lupo (S. 40/41). Denke an Pepes Tipps.

LÖSUNGSBEISPIEL: Vorfreude ist manchmal die schönste Freude

---

1 Betrachte die Bilder. Einige Ideen passen in den Spannungsbogen,
andere nicht. Streiche unpassenden Ideen durch.

~~Toni bestellt sich eine Pizza~~ – Toni und Klara schauen sich einen
Film an – Plötzlich hören sie ein Geräusch – Sie hören genau hin,
woher das Geräusch kommt – Das Geräusch kommt aus dem
Keller – ~~Toni freut sich~~ – Klara hat Angst – „Hilfe ein Einbrecher!" –
~~Toni fängt die Katze und schaut mit ihr fern~~ – ~~Tonis Eltern kommen
heim und essen die Pizza.~~ – Die Kellertür öffnet sich. – Erleichtert
schauen sich Toni und Klara an: Es war nur die Katze.

2 Schreibe die Geschichte in 3 Sätzen auf.
LÖSUNGSBEISPIEL:
Ausgangssituation

Toni und Klara schauen sich einen Film an.

Problem tritt auf

Plötzlich hören sie ein Geräusch aus dem Keller und denken,

es ist ein Einbrecher.

Lösung!

Doch es war nur die Katze!

kontrolliert: ☆ 43

Geschichte	vor dem Üben			nach dem Üben		
	☆	☆☆	☆☆☆	☆	☆☆	☆☆☆
Denke ich an eine kurze und knackige Überschrift?						
Führt meine Einleitung zielgerichtet auf das Problem hin?						
Hat meine Geschichte einen Spannungsbogen?						
Runde ich die Geschichte mit einem kurzen und stimmigen Ende ab?						
…mehr Pfiff durch Adjektive?						
…wörtliche Rede?						
…Sinneseindrücke?						
Ich bin viel auf Wörterjagd gegangen:						

Denke beim Schreiben an meine Gewürzkiste für Geschichten (S. 35)!

① Schätze dich selbst ein.
Kreuze die gelbe Spalte an.

② Schreibe die Geschichte von S. 43.
Verwende deine 3 Sätze von S. 43 als Rahmen.

③ Vergleiche deinen Text mit der Tabelle und schätze dich jetzt nochmal ein. Kreuze die grüne Spalte an.

Was ist beim Argumentieren wichtig?

① Die Kinder sammeln Vorschläge für neues Pausenspielzeug. Welche Begründung passt zu welchem Vorschlag? Verbinde.

 Ich bin für ein Springseil!

Wenn wir ihn nehmen, können immer ganz viele Kinder gemeinsam spielen und sich bewegen.

 Meiner Meinung nach sollte es ein neuer Fußball sein!

Denn damit kann man verschiedene Sachen machen: Zum Beispiel ein Hüpfspiel auf den Boden malen oder den Pausenhof verschönern.

 Ich finde Straßenkreide am besten!

Mir macht nämlich Hüpfen am meisten Spaß.

② Überlege, was beim Argumentieren wichtig ist. Kreuze an.

☒ Hier muss ich anderen meinen **Standpunkt** darlegen. **Beispiele und Gründe** sind dazu notwendig.

☒ Es ist wichtig, dass ich **überzeugend** erkläre, **warum** ich einer bestimmten Meinung bin. Dazu sollte ich mir vorher **Stichpunkte** machen.

☐ Wenn ich argumentiere, kommt es auf die **Spannung** an. Dazu brauche ich Satzanfänge wie **plötzlich** oder **auf einmal**.

☐ **Wörtliche Rede** und **Sinneseindrücke** (Geräusche, Gerüche, Geschmack, Gesehenes, Gefühle) würzen meine Argumentation.

☒ Manche Gründe überzeugen mehr, andere weniger. Auch darüber mache ich mir vor dem Schreiben Gedanken und **sortiere** sie **nach dem Gewicht**.

Ein roter Faden für deine Argumentation

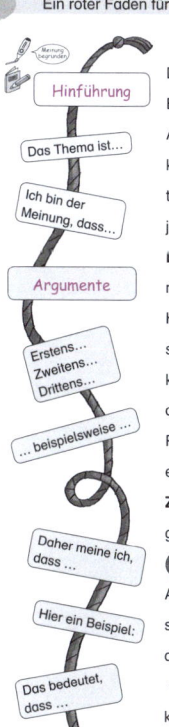

Hinführung

Das Thema ist…

Ich bin der Meinung, dass…

Argumente

Erstens…
Zweitens…
Drittens…

… beispielsweise …

Daher meine ich, dass …

Hier ein Beispiel:

Das bedeutet, dass …

Das Thema ist: Helmpflicht für alle in Deutschland. Bisher ist das freiwillig. Wenn eine Familie einen Ausflug mit dem 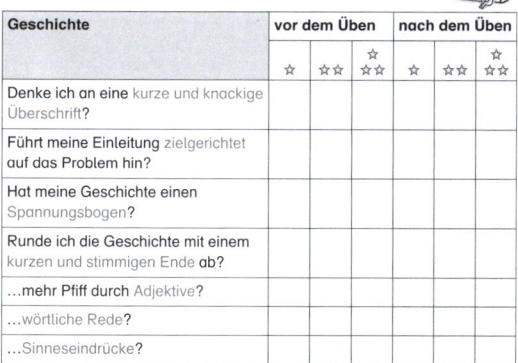 **Fahrrad** macht, können die Erwachsenen und die Kinder einen Helm tragen oder auch nicht. Ich bin aber der Meinung, dass jeder einen **Helm** tragen sollte.

Erstens ist ein Helm zwar manchmal etwas lästig und nervt. Allerdings gibt es ganz moderne und schöne Helme. Ein modischer Helm ist also so etwas wie eine schicke **Mütze**. Wenn du beispielsweise knallige Farben oder **Pferde** magst, dann kannst du einen Helm mit Leuchtfarben oder Pferdebildern aufsetzen. Daher meine ich, dass jedem ein Fahrradhelm steht.

Zweitens ist man mit dem Fahrradhelm besser geschützt. Hier ein Beispiel: Wenn man eine **Wassermelone** mit voller Wucht gegen eine Autotür knallen lässt, dann zerplatzt sie. Wenn man um sie herum jedoch einen **Helm** schnallt, dann bleibt sie ganz. Das bedeutet, dass wir unseren **Kopf** mit einem Helm sehr gut schützen können.

Drittens sollten alle Leute beim Fahrradfahren einen Helm tragen. Bisher tragen in Deutschland vor allem **Kinder** ihren Helm.

Eine Befragung zeigt, dass die **Erwachsenen** ihren Helm viel weniger tragen. Sicherlich sind Kinder noch kleiner, aber auch Erwachsene können einen Unfall haben. Ihr **Kopf** ist dann auch besser geschützt. Außerdem setzen Kinder ihren Helm lieber auf, wenn alle einen Helm tragen müssen.

Die Frage war, ob alle Deutschen dazu verpflichtet werden sollten, beim Fahrradfahren einen **Helm** zu tragen.

Anhand der drei Gründe wird klar, dass jeder in Deutschland einen Helm tragen sollte.

Eine Befragung zeigt, dass…

Sicherlich …

Außerdem…

Fazit

Die Frage war…

Anhand der Gründe wird klar, dass

① Lies den Text aufmerksam und fülle die Lücken aus. Die Bilder helfen dir dabei.
Lösung siehe Text

② Beschrifte den roten Faden:

Argumente   Hinführung   Fazit

Lösung siehe roter Faden

Kennst du die Fachausdrücke?

Argument: Begründung für deine Meinung
Fazit: Zusammenfassung, Schlussfolgerung

1 Lies die Satzanfänge in Pepes Güterzug. Schreibe in jeden Wagen den passenden Oberbegriff:
Lösung siehe unten

um ein Argument zu erklären

um meine Meinung zu sagen

für das Fazit

Für eine Argumentation kann ich Satzanfänge immer gut gebrauchen!

Satzanfänge...

Ich finde es gut, wenn…
Meiner Meinung nach…
Natürlich bin ich dafür, dass…
Ich vertrete den Standpunkt, dass…
Ich bin der Meinung, dass…
Für mich gilt…
Für mich zählt am stärksten, …

um meine Meinung zu sagen

48

---

2 Sortiere diese Satzanfänge in den passenden Wagen.
Lösung siehe unten

Du kannst auch noch weitere eigene Satzanfänge in Pepes Zug sammeln!

Für mich gilt…   Daran ist erkennbar, dass…

Daraus ergibt sich, dass…   Ein Beispiel zeigt…

Das ist der Grund, weshalb…

Ich bin der Meinung, dass…   Hierzu ein Versuch:…

Im Internet kann man lesen, dass…

Für mich zählt am stärksten,…

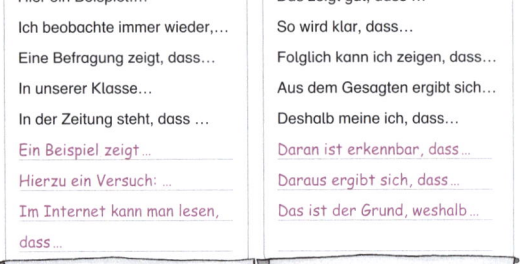

Hier ein Beispiel:…
Ich beobachte immer wieder,…
Eine Befragung zeigt, dass…
In unserer Klasse…
In der Zeitung steht, dass…
Ein Beispiel zeigt…
Hierzu ein Versuch: …
Im Internet kann man lesen, dass…

um ein Argument zu erklären

Das zeigt gut, dass …
So wird klar, dass…
Folglich kann ich zeigen, dass…
Aus dem Gesagten ergibt sich…
Deshalb meine ich, dass…
Daran ist erkennbar, dass…
Daraus ergibt sich, dass…
Das ist der Grund, weshalb…

für das Fazit

kontrolliert:  49

---

1 In der Siebenberge-Grundschule wurden verschiedene Argumente für und gegen Süßigkeiten im Pausenverkauf gesammelt.

Wer ist für Süßigkeiten 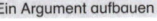, wer dagegen ? Kreuze an.

1
Ein Großteil der Eltern möchte keine Süßigkeiten im Pausenverkauf. Sie meinen, dass sie ungesund für ihre Kinder sind.

☐ 👍 ☒ 👎

2
Einige Kinder werden ihr gesamtes Taschengeld zum Pausenverkauf tragen, wenn es bei uns Süßigkeiten gibt.

☐ 👍 ☒ 👎

3
Zu viele Süßigkeiten führen zu Karies und Übergewicht.

☐ 👍 ☒ 👎

4
Ich habe mit vier Freundinnen aus anderen Schulen telefoniert. Bei allen gibt es Süßigkeiten!

☒ 👍 ☐ 👎

50

---

2 Alle stützen ihr Argument durch eine Erklärung. Welche Erklärung passt zu welchem Argument? Nummeriere.

1
Der Elterbeirat hat an unserer Schule eine Befragung gemacht. 78 Eltern wurden gefragt. Die Umfrage hat ergeben, dass 65 Eltern keine Süßigkeiten wollen.

4
Meine Befragung zeigt, dass drei von ihnen Süßigkeiten in der Schule kaufen können. Zwei haben einen Automaten und eine kann sie direkt beim Hausmeister kaufen.

3
Eine Statistik zeigt, dass 60% der übergewichtigen Kinder auch Karies haben. Gründe dafür sind meist zu viele Süßigkeiten.

2
Ich beobachte zum Beispiel im Freibad, dass dort fast alle Kinder Süßigkeiten kaufen. Jeder, der dabei sein möchte, gibt dafür sein Geld aus.

3 Pepe hat ein Argument ausformuliert. Lies Pepes Bauplan dazu. Markiere die Abschnitte des Arguments in der passenden Farbe des Bauplans.

Mein Bauplan für ein Argument!

Unsere Eltern möchten keine Süßigkeiten im Pausenverkauf.

Der Elterbeirat hat an unserer Schule eine Befragung gemacht. 78 Eltern wurden gefragt. Die Umfrage hat ergeben, dass 65 Eltern keine Süßigkeiten wollen.

Das zeigt gut, dass unsere Eltern *gegen* einen Süßigkeitenverkauf hier an der Schule sind.

Argument beginnen
Kurz und knackig mit deinen Worten

Argument erklären
Beispiel, Befragung, Beobachtung,

Argument beenden
Fazit, zurück zum Argument

kontrolliert:  51

Pepe stellt sich die Frage: Brauchen Grundschulkinder ein Handy?

1 Diese Argumente hat Pepe gefunden.
Ein Argument passt nicht zum Thema. Streiche es durch.

1 Weniger Zeit zum Spielen und Reden.

2 Viele Kinder haben ihr Handy nur zum Angeben.

3 Die Mehrheit der Grundschulkinder hat kein Handy.

4 Ein Handy führt wegen hoher Kosten oft zu Streit und Schwierigkeiten.

5 ~~Telefone gibt es schon seit über 100 Jahren.~~

*Welches Argument ist für **dich** das stärkste? Markiere.*

2 Pepe erklärt seine Argumente.

a) Zu welchem Argument hat er eine Erklärung gefunden? Nummeriere.

4 Artikel in einer Zeitschrift:
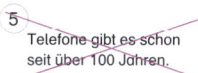
- Mit einem Handy können sehr hohe Kosten entstehen, z.B. durch Apps, Telefonieren, SMS.
- Folgen: Kind oder Eltern müssen die hohe Rechnung bezahlen und kommen in Schwierigkeiten.

1 Beobachtung bei älteren Geschwistern mit Handy:

- Sie sind fast nur noch mit dem Handy beschäftigt!
- Folgen: Sie sitzen viel herum, reden kaum noch, spielen weniger mit anderen Kindern.

52

---

b) Hilf Pepe und finde eine Erklärung zu Argument Nr. 2.

2

Hast du schon einmal eine Beobachtung zum Angeben mit dem Handy gemacht? Was könnte eine Folge sein?

LÖSUNGSBEISPIEL:
Ich beobachtete oft, dass Kinder ihre Handys herumzeigen und damit angeben.
Wer kein Handy hat, fühlt sich dann schnell ausgeschlossen.

c) Für Argument Nr. 3 hat Pepe eine Statistik gefunden.
Beschreibe die Statistik. Fülle die Lücken aus.

Das Ergebnis ist ja höchst interessant!

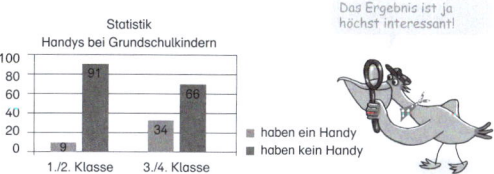

Statistik
Handys bei Grundschulkindern

- haben ein Handy
- haben kein Handy

1./2. Klasse: 91, 9
3./4. Klasse: 34, 66

Die Statistik zeigt, dass in der 1. und 2. Klasse von 100 Kindern nur 9 Kinder ein Handy besitzen. 91 Kinder haben kein Handy.

Überlege dir doch mal Argumente für Handys bei Grundschulkindern!

In der 3. und 4. Klasse besitzen von 100 Kindern 34 Kinder ein Handy. 66 Kinder haben kein Handy. Das bedeutet, dass die Mehrheit der Kinder in Grundschulen kein Handy besitzt.

Argumentation	vor dem Üben			nach dem Üben		
	☆	☆☆	☆☆☆	☆	☆☆	☆☆☆
Enthält mein Text eine Hinführung, Argumente und ein Fazit?						
Wird deutlich, zu welchem Thema ich schreibe?						
Stelle ich meine Meinung überzeugend dar?						
Ordne ich meine Argumente von schwach nach stark?						
Untermauere ich jedes Argument mit einer Erklärung (Beobachtung, Befragung, Experiment)?						
Verwende ich unterschiedliche Satzanfänge und Ausdrücke?						
Ich bin viel auf Wörterjagd gegangen:						

1 Schätze dich selbst ein.
Kreuze nur die gelbe Spalte an.

Du kannst meine Ideensammlung von Seite 52/53 verwenden oder dir eigene Argumente überlegen.

2 Schreibe eine Argumentation zum Thema:
Brauchen Grundschulkinder ein Handy?

3 Vergleiche deinen Text mit der Tabelle und schätze dich jetzt nochmal ein. Kreuze die grüne Spalte an.

54

---

1 In jeder Information hat sich ein Fehler eingeschlichen.
Streiche ihn durch.

Siebenberge-Grundschule Zwergental	
Startseite	**Theateraufführung der dritten Klassen**
Aktuelles	Am nächsten Montag findet bei uns um 12:00 Uhr ~~nachts~~ die Aufführung „Schneewittchen und die sieben Zwerge" statt. Das Theaterstück wird in der Turnhalle gezeigt.
Kontakt	

mittags

Wo werden Informationen weitergegeben?

Dumper
Dumper ist der englische Begriff für einen Muldenkipper. Das ist ein großer Lastwagen, der auf ~~Pausenhöfen~~ zum Transport von Bauschutt und Sand eingesetzt wird.

Baustellen

Feuerwehreinsatz in Buxheim
Gestern Mittag hat es in der Frühlingsstraße gebrannt. Ein Junge rief die Feuerwehr, weil aus einem Fenster dicker Rauch quoll. Die Feuerwehr konnte das ~~Schokoladeneis~~ rechtzeitig löschen. Verletzt wurde niemand.

Feuer

2 Verbessere jeden Fehler so, dass die Information stimmt.
Verwende die Schreibzeilen. *Lösung siehe oben*

3 Überlege, was beim Informieren wichtig ist. Kreuze an.
- ☒ Ich schreibe **kurz und knapp.**
- ☐ Einzelne Dinge kann ich auch **auslassen**, das erhöht dann die **Spannung.**
- ☒ Ich sammle vor dem Schreiben **gezielt Informationen.** Dabei überlege ich, welche Informationen **für den Leser am wichtigsten** sind.

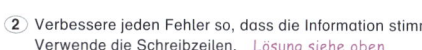

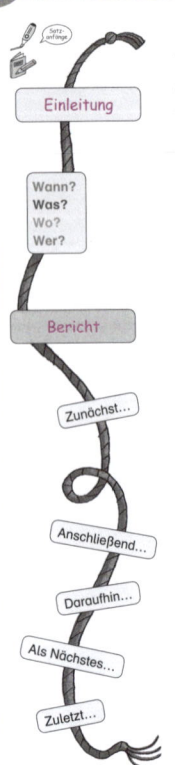

Einleitung

Wann?
Was?
Wo?
Wer?

Bericht

Zunächst...

Anschließend...

Daraufhin...

Als Nächstes...

Zuletzt...

Am Freitag, den 23. April, fand von 8:00 Uhr bis 13:00 Uhr unser Walderlebnistag statt. Unsere Klasse, die 3c, __besuchte__ (besuchen) den Hechenrieder Forst, ein großes Waldstück bei Murstadt. Bei dem Ausflug dabei __waren__ (sein) Frau Zeisig, unsere Lehrerin, und Annalena, eine Studentin.

Zunächst __liefen__ (laufen) wir ungefähr zehn Minuten zum Hechenrieder Forst. Dort __trafen__ (treffen) wir Herrn Wittmann, den örtlichen Förster. Zu Beginn __erklärte__ (erklären) er uns, wie wir uns im Wald verhalten müssen. Anschließend __gab__ (geben) er uns als Aufgabe, dass wir ihm ohne zu sprechen folgen und genau aufzupassen sollten, was wir __hörten__ (hören). Daraufhin __wanderten__ (wandern) wir ungefähr 15 Minuten schweigend durch den Wald. Am nächsten Haltepunkt __erzählten__ (erzählen) wir, was wir gehört hatten. Folgende Geräusche wurden genannt: Vögel, Rascheln von Blättern, Kichern und Knacken von Ästen. Als Nächstes __zeigte__ (zeigen) uns der Förster den Futterplatz der Rehe. Er __berichtete__ (berichten) über das Leben der Tiere des Waldes. Zuletzt __durften__ (dürfen) wir mit ihm die Futtertröge für das Rotwild auffüllen.

56

Nach einem kleinen Picknick auf einer Lichtung __suchten__ (suchen) wir uns einen Lieblingsplatz und durften ihn mit Material aus dem Wald gestalten. Annalena __fotografierte__ (fotografieren) unsere Lieblingsplätze für die Klassenzeitung. Anschließend __hatten__ (haben) wir noch genügend Zeit auf der Wiese oder an unseren Lieblingsplätzen zu spielen.

Schlusssatz

Mir hat gefallen, dass ...

Um 12:15 Uhr brachen wir dann zurück zur Schule auf. Dort __fragte__ (fragen) uns Frau Zeisig, an was wir uns noch __erinnerten__ (erinnern). Mir hat am besten gefallen, dass ich von meinem Lieblingsplatz aus ein kleines Eichhörnchen beobachtet habe. Es __kletterte__ (klettern) den Baum hoch.

① Trage die Verben in der 1. Vergangenheit ein.
Lösung siehe Text

> berichtete erinnerten waren wanderten gab durften zeigte erklärte suchten fotografierte hatten fragte hörten kletterte besuchte liefen trafen erzählten

② Beschrifte den roten Faden:
Lösung siehe roter Faden

Bericht   Schlusssatz   Einleitung

③ Unterstreiche in der Einleitung folgende Informationen in den jeweiligen Farben: **Wann? Was? Wo? Wer?** Lösung siehe Text

kontrolliert: ☆ 57

Die Klassen 3a und 3c machen einen Ausflug zur Feuerwehr. Toni soll einen Bericht schreiben.

> Mittwoch, 5. Mai
>
> **Nicht vergessen!**
> **Morgen Ausflug zur Feuerwehr in Buxheim**
>
> Klassen 3a und 3c
> Lehrerinnen: Frau Huber und Frau Wolf
>
> Beginn: 8:00 Uhr
> Ende: 14:00 Uhr
>
> Bitte mitbringen: Wetterfeste Kleidung, Proviant

① Welche Informationen benötigt Toni für seine Einleitung? Notiere.

Wann? Donnerstag, 6. Mai, 8:00 Uhr bis 14:00 Uhr

Was? Ausflug zur Feuerwehr

Wo? in Buxheim

Wer? Klassen 3a und 3c, Lehrerinnen Frau Huber und Frau Wolf

② Schreibe zwei Sätze für die Einleitung.
Verwende die Stichpunkte aus Aufgabe 1.

Du kannst die Satzbausteine zu Hilfe nehmen!

LÖSUNGSBEISPIEL: Am Donnerstag, den 6. Mai, fand von 8:00 bis 14:00 Uhr der Ausflug zur Feuerwehr in Buxheim statt. Mit dabei waren die Klassen 3a und 3c mit den Lehrerinnen Frau Huber und Frau Wolf.

fand... statt   Mit dabei waren...   Am ...   von... bis...

58

---

③ Toni hat beim Ausflug fotografiert und Stichpunkte notiert.
a) Verbinde jedes Bild mit dem passenden Stichpunktzettel.

– Umkleidekabine
– Ordnung an den Haken:
  Stiefel, Jacken, Helme
– Kind darf einen Helm aufsetzen

– Herr Schmidt, Feuerwehrmann
– zeigt Funktionen des Feuerwehrautos: Drehleiter, Martinshorn und
  Blaulicht

– Notrufzentrale
– Herr Schmidt erklärt Notruf
– ein Kind aus der Klasse darf
  einen Notruf absetzen

b) Auf jedem Stichpunktzettel hat Toni eine Information vergessen. Ergänze sie.

Lösung siehe oben.

Betrachte die Bilder nochmal ganz genau! Dann findest du die fehlenden Infos!

kontrolliert: ☆ 59

① Setze diese Verben in die 1. Vergangenheit.

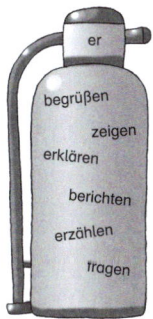
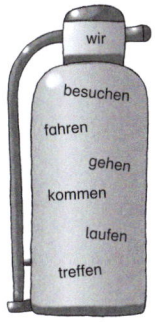

er begrüßte,	wir besuchten,	ich durfte,
er zeigte,	wir fuhren,	ich gab,
er erklärte,	wir gingen,	ich fotografierte,
er berichtete,	wir kamen,	ich wollte,
er erzählte,	wir liefen,	ich suchte,
er fragte	wir trafen	ich verabschiedete

② Markiere alle Verben, die in der 1. Vergangenheit stehen.

er fand statt   wir treffen   sie machte   er findet

wir fühlten   wir sind   er erinnerte sich

wir fahren   er stellte sich vor   er antwortete

60 kontrolliert: ☆

---

① Gehe auf den Seiten 55 bis 61 auf Wörterjagd.
a) Notiere hier Verben in der 1. Vergangenheit

LÖSUNGSBEISPIELE:

Hier haben wir für dich eine Auswahl an Verben nach dem
Alphabet geordnet: Du findest sicher noch mehr!
er begrüßte, er berichtete, sie besuchte, wir durften, wir
erinnerten, er erklärte, wir erzählten, sie fotografierte,
sie fragte, wir fuhren, er gab, wir hatten, wir hörten, wir kamen,
es kletterte, sie konnte, wir liefen, es quoll, er rief, wir suchten,
wir trafen, ich verabschiedete, wir wanderten, es waren,
es wurde, ich wollte, er zeigte

Du kannst auch eigene
Wörter ergänzen.

b) Notiere hier Satzanfänge für deinen Bericht:

LÖSUNGSBEISPIELE:

Hier haben wir für dich eine Auswahl an Satzanfängen
nach dem Alphabet geordnet: Du findest sicher noch mehr!
Als Nächstes… , Am… , Am Freitag, den… , Am nächsten
Haltepunkt… , Am nächsten Montag… , Anschließend… ,
Daraufhin… , Das ist… , Dort… , Gestern Mittag… , Hier… ,
Mir hat gefallen, dass… , Mit dabei waren… , Nach… , Um… Uhr… ,
Zuletzt… , Zunächst…

62 kontrolliert: ☆

Hier seht ihr die Ausrüstung
eines Feuerwehrmanns.
Bei einem Einsatz zieht er
sich in dieser Reihenfolge an:
Zuerst… Als nächstes…

Im Bericht umschreibst du
kurz und knapp, was die
Personen sagen:

Im Bericht:

Herr Schmidt erzählte uns,
in welcher Reihenfolge sich ein
Feuerwehrmann seine Ausrüstung
anzieht.

① Schreibe die wörtliche Rede um. Verwende die farbigen
Schlüsselwörter. **LÖSUNGSBEISPIEL:**

Hier sind wir in
der Notrufzentrale.
Bei einem Notruf
muss man einiges
beachten. Nenne
zuerst deinen
Namen. Dann…

In der Notrufzentrale erläuterte
Herr Schmidt, was man
beim Notruf beachten muss.

erläutern, Herr Schmidt, was, Notruf,
beachten, müssen

Das kann man alles
mit unserem neuen
Feuerwehrauto
machen. Hier ist
der Knopf für…
Dort kann man…

Herr Schmidt zeigte uns, was
man mit dem Feuerwehrauto
alles machen kann.

Herr Schmidt, zeigen, was,
Feuerwehrauto, machen, können

② Hast du an die 1. Vergangenheit gedacht? Unterstreiche alle
Verben in deinen Sätzen. Lösung siehe Aufgabe 1

kontrolliert: ☆ 61

Bericht	vor dem Üben			nach dem Üben		
	☆	☆☆	☆ ☆☆	☆	☆☆	☆ ☆☆
Beantworte ich die W-Fragen? (Wann? Wer? Was? Wo?)						
Schreibe ich sachlich, was passiert ist? (ohne Spannung)						
Berichte ich in der 1. Vergangenheit?						
Berichte ich in der richtigen Reihenfolge?						
Denke ich an alle wichtigen Informationen?						
Ich bin viel auf Wörterjagd gegangen:						

① Schätze dich selbst ein.
Kreuze die gelbe Spalte an.

② Schreibe einen Bericht zum Ausflug zur Feuerwehr.
Verwende die Stichpunkte und Wörtersammlungen von Seite 58-62.
Auch der Satzbausteinkasten kann dir dabei helfen.

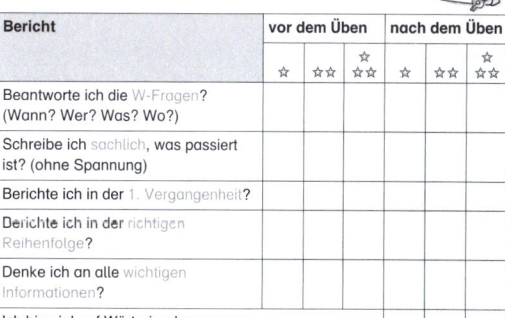

Am … fand … statt	Beim Ausflug dabei waren …	Zuerst begrüßte uns …	Als Erstes …
… zeigte uns das Feuerwehrhaus	… erklärte uns Feuerwehrauto …	Als Nächstes … Umkleide …	… berichtete, wie … anziehen
Dann …	Notrufzentrale … Notruf absetzen	Als Letztes … verabschiedeten	Mir hat gefallen, dass …

③ Vergleiche deinen Text mit der Tabelle und schätze dich jetzt
nochmal ein. Kreuze die grüne Spalte an.

kontrolliert: ☆ 63

Hier ist Platz für deine Notizen:

1 Diese Kinder berichten von ihren Schwierigkeiten beim Erzählen.
Pepe hat für jeden einen passenden Tipp. Ordne zu und verbinde.

Ich habe einfach keine Ideen!

Denke an das „Grobgerüst".
Wie ist die Ausgangssituation?
Welches Problem tritt auf?
Wie wird das Problem gelöst?

In meinen Geschichten
passiert zwar viel, aber es
fehlt die Spannung!

Lege dir eine Sammlung mit
Erzählideen an! Beim
Autofahren, im Bus, auf dem
Schulweg lassen sich diese
mündlich ausschmücken. Das
ist eine prima Übung!

Meine Geschichten sind
viel zu kurz.

Schmücke deine Geschichten mit
Sinneseindrücken und Gefühlen aus:
Was siehst du?
Was hörst du?
Was riechst oder schmeckst du?
Welche Gefühle hast du?

2 Überlege, was beim Erzählen wichtig ist. Kreuze an.

☐ Eine Erzählung soll **unterhalten**. Ich schreibe **spannend** und
schmücke meine Geschichte aus.

☐ Die Hauptsache ist, dass die Geschichte **lang** wird.
Notfalls schreibe ich am Ende einfach noch ein paar Sätze dazu.

☐ **Wörtliche Rede** und **Sinneseindrücke** würzen meine Geschichte:
Der Leser hat so das Gefühl, noch mehr „dabei" zu sein.

☐ Ich berichte **kurz und knapp** von einem Erlebnis.

kontrolliert: ☆ 33

Adjektive

Achte auf die Luftballons! Merkst du, wie die Spannung steigt?

An einem Samstagmorgen ging Klara einkaufen. Gemütlich schlenderte sie durch den Laden und füllte

ihren _____ .

„Zuhause koche ich dann Pudding für Mama und

5 mich", beschloss das Mädchen freudig. Noch einmal überprüfte Klara ihren Einkaufszettel. Nun hatte sie alles beisammen. „Jetzt nur noch an die Kasse und zahlen", dachte sie zufrieden. Sie legte alle Sachen aufs Band und stellte sich abwartend in die Schlange.

10 „Ach ja, ich brauch den _____ !",

sagte sich Klara und griff in ihre Hosentasche. Doch dort war er nicht! Hektisch griff Klara in die andere Hosentasche. Nichts! Sie durchsuchte ihre

_____ und ihre Einkaufstasche.

15 Der Geldbeutel blieb verschwunden.
„Das kann doch nicht sein! Ich habe ihn doch eingepackt!", flüsterte Klara und fühlte Panik in sich aufsteigen. Da setzte sich auch schon das elektrische Band in Bewegung. „Oje, gleich bin ich dran", schoss

20 es Klara durch den Kopf. Sie sah sich um. Hinter ihr war eine endlos lange Schlange mit Leuten, die ungeduldig und missmutig dreinblickten. Klara wurde ganz heiß. „Was mache ich bloß?", klagte das Mädchen still.

25 „20 _____ und 50 _____

machts dann bei dir", hörte Klara die laute Stimme der

_____ und zuckte zusammen. Mit

hochrotem Kopf stand Klara vor der Kasse. Da wiederholte die Verkäuferin genervt: „20 Euro und 50

30 Cent! H-a-l-l-o, junges Fräulein, Du musst z-a-h-l-e-n!"

„Ich finde meinen Geldbeutel nicht", gab Klara kaum hörbar zu. Ärgerlich verzog die Dame an der Kasse ihr Gesicht und schnaubte verächtlich.

Klara fühlte  _____ in sich

35 aufsteigen.

„Das ist kein Problem", ertönte in diesem Moment eine beschwichtigende Stimme. Klara erkannte ihre Nachbarin Frau Schmittlein, die sich nach vorne schob und erklärte: „Ich kenne die junge Dame

40 und zahle für sie!" Erleichtert packte Klara ihre Sachen ein. Frau Schmittlein zwinkerte ihr zu:

„Alles halb so wild! Das _____

gibst du mir einfach später. Zum Glück gibts immer jemanden, der hilft!"

Die Luft geht schnell aus dem Luftballon raus! Drum schreibe zum Schluss hin kurz und knapp!

1 Lies die Geschichte aufmerksam und fülle die Lücken aus. Die Bilder helfen dir dabei.

2 Wie ist die Geschichte aufgebaut? Beschrifte den roten Faden.

| Problem tritt auf | Ausgangssituation | Lösung! |

Findest du meine Tipps in der Geschichte wieder?

Pepes Gewürzkiste für Geschichten

Sinneseindrücke und Gefühle?
2:1! Satz – Satz – Wörtliche Rede!
Mehr Pfiff durch Adjektive!
Denke an meine Spannungsluftballons!

Bilde drei Sätze für den Spannungsbogen!

Ausgangssituation

An einem Samstagmorgen ging Klara einkaufen.

Problem tritt auf

An der Kasse stellte sie fest, dass sie ihren Geldbeutel vergessen hatte.

Lösung

Zum Glück stand in der Schlange ihre Nachbarin und bezahlte für sie.

Satz-anfänge

1 Hier sind drei Geschichten durcheinandergeraten. Verbinde die Textteile, die zusammengehören, mit einem roten Faden.

In den Ferien besuchte Klara ihren kranken Freund Toni.

Da hörte sie plötzlich Meeresrauschen und ein Piratenschiff segelte in ihr Zimmer.

Als sie sich umdrehte, erkannte sie ihren Freund Toni.

An einem Samstagabend lag Klara in ihrem Bett.

Plötzlich merkte sie, dass sie jemand verfolgte.

Schweißgebadet wachte sie auf: Zum Glück war es nur ein Traum.

An einem regnerischen Novembertag ging Klara mit ihrem Hund spazieren.

Auf einmal fühlte sich Klara ganz schwach.

„Kein Problem", meinte Tonis Mutter, „wir machen einfach eine Krankenstation auf."

2 Wie müssen die Spannungsluftballons zu den Textteilen aussehen? Zeichne Pepes Luftballons ein.

Ausgangssituation

Problem tritt auf

Lösung

3 Diese Geschichte hat Pepe in drei Sätzen aufgeschrieben.
Betrachte die Bilder. Ergänze passende Wortbausteine.

_____

_____

ging Klara Schlitten

fahren und _____

einen Berg

_____ .

_____ wurde

der Schlitten

_____

_____

und in der Ferne

_____ eine

Schanze _____ .

_____

_____

war Klara in einem

riesigen weichen

_____

gelandet.

schneller und schneller   erblickte   Plötzlich

Schneehaufen   fuhr…hinunter   Zu ihrer Überraschung

An einem schönen Wintertag   tauchte…auf

Wie könnte sich das
Problem zuspitzen?
Notiere, was zwischen Bild
2 und 3 passieren könnte.

1 So hat Pepe die Geschichte von Seite 37 aufgeschrieben.
a) Male vor jeden Satz den passenden Sinneseindruck.
b) Was erlebt Klara nach ihrer Landung? Ergänze zwei Sätze.

Verben

An einem schönen Wintertag ging Klara Schlitten fahren
und fuhr einen steilen Berg hinunter.

Klara roch die frische Winterluft.

In ihrem Gesicht spürte sie den kühlen Fahrtwind.

Sie fühlte sich glücklich und unendlich frei.

Auf einmal wurde der Schlitten schneller und schneller
und in der Ferne tauchte eine Schanze auf.

Der Wind piff stärker und der Schlitten holperte
über die Piste.

Klara bekam Angst.

Klara versuchte zu bremsen, aber sie steuerte
unaufhaltsam auf die Schanze zu und flog mitsamt
Schlitten durch die Luft.

Plötzlich sah Klara keinen Boden mehr unter ihr.

Um sie herum war nur noch das Heulen
des Windes zu hören.

Klara erwartete verzweifelt den Aufprall.

Doch der kam nicht.
Zu ihrer Überraschung war Klara in einem
riesigen weichen Schneehaufen gelandet.

_____

_____

„Gar nicht so übel!", dachte Klara und stapfte den Berg wieder hinauf.

Verwende diese
Zeichen!

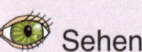 Riechen

 Sehen

Hören

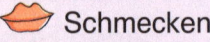 Schmecken

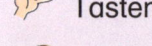 Tasten

Fühlen

Eigentlich ganz einfach:
1 Sinn = 1 Satz

1 Zu welchem Bild der Geschichte passt die Sprechblase?
Verbinde. Eine Sprechblase gehört nicht dazu.

Puh,
Glück gehabt!

Schau mal,
ein Schnee-
mann!

Dieser Tag
ist spitze!

Hilfe! Eine
Schanze! Ich
muss bremsen!

Erinnerst du dich an meine
Gewürzkiste? Wörtliche
Rede macht deine
Geschichte lebendiger!

2 Suche ein passendes Verb für den Redebegleitsatz und schreibe
die drei Sprechblasen aus Aufgabe 1 als wörtliche Rede auf.

Verben

Klara _____ : „Dieser Tag ist spitze!"

Denke an die
Anführungszeichen! „...."

Klara _____ : _____

_____

Klara _____ : _____

fragte   erzählte   atmete auf   jubelte   schrie   klagte

3 Markiere in Aufgabe 2 alle Anführungszeichen.

1 Baue dir deinen eigenen Einleitungssatz.
Verwende dazu Bausteine aus dem Ruderboot.

_____

_____

_____

Wann?
Letztes Jahr im Sommerurlaub
In den letzten Pfingstferien

Was?
ging…spazieren
lief …entlang

Wer?
der kleine Toni mit seinem jungen Hund Lupo
der fröhliche Toni mit seinem großen Hund Lupo

Wo?
am Meer
am Strand

2 Wie würdest du die Einleitung fortsetzen?
Kreuze einen der Vorschläge an.

☐ Toni stapfte barfuß durch den Sand, während Lupo
schwanzwedelnd neben ihm herlief. Der Geruch von Abenteuer lag
in der Luft. Toni rätselte: „Ob es wohl noch echte Seeräuber gibt?"
Plötzlich…

> Führe in der Einleitung
> zielgenau zum Problem hin!

☐ Lupo lief ins Wasser. Toni rief: „Komm zurück!"
Aber Lupo hörte nicht auf ihn. Dann kam er doch. Toni
und Lupo gingen weiter. Dann lief Lupo wieder davon.
Jetzt kam er wieder. Sie gingen weiter. Plötzlich…

Toni geht mit Lupo am Strand spazieren.

Plötzlich bellt Lupo ganz laut und bringt eine Flasche mit Zettel.

?

Mein Tipp für deinen Schluss!

Adjektive

1 Dieser Schluss ist zu lang geworden.
Welcher Absatz ist überflüssig? Streiche ihn durch.

… Jetzt öffnete Toni die Flaschenpost
und begann aufgeregt zu lesen:
„Lieber Toni! Wir wollen dich heute zum Eisessen
einladen…" Hastig überflog Toni den Rest der
Nachricht: „Treffen… am Leuchtturm…
16 Uhr… Viele Grüße, Mama und Papa."
Es war also gar keine Nachricht von den Piraten!
Enttäuscht ließ Toni den Zettel sinken.

Wütend warf Toni die Flasche weit weg ins Meer.
Doch Lupo sprang ihr hinterher und brachte
die Flasche wieder. Toni war immer noch wütend.
Er warf sie wieder ins Meer und Lupo holte sie wieder
und so ging es noch viele Male.
Dann ließ Lupo die Flasche doch liegen und sie
gingen nach Hause.

„Ach Lupo, ich hatte mich so auf eine echte
Flaschenpost gefreut", sagte Toni traurig. Da stupste
ihn Lupo tröstend mit seiner feuchten Nase an, bis
sich ein Lächeln auf Tonis Gesicht schlich. Toni
flüsterte: „Du hast ja Recht, Lupo: Vorfreude ist
manchmal die schönste Freude".

Jetzt…
Lösung!
2-3 Sätze

1-2 Sätze

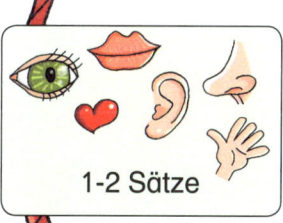
1 Satz

Da…
Ende finden!
1 Satz

Ein besonderer letzter Satz!

Schreibe die ganze Geschichte von Toni und Lupo auf. Du kannst dir auch einen anderen Schluss ausdenken.

kontrolliert: 41

Kann man etwas aus der Geschichte lernen?

Gibt es ein Sprichwort?

Gibt es ein Wortspiel?

Tipp für den Notfall: Bilde eine Frage!

Meine Tipps für deine Überschrift!

1 Lies noch einmal die Geschichte auf Seite 34.
Welche Überschrift passt am besten? Kreise sie ein.

Klara erlebt an der Kasse eine böse Überraschung

Rettung in höchster Not

Klara vergisst ihren Geldbeutel

Klara hat keinen Einkaufszettel

Überschrift

– Spannend!
– Macht neugierig!
– Kurz und knackig wie eine Essiggurke!

2 Jetzt bist du die Lehrerin/der Lehrer!
a) Lies noch einmal die Geschichte auf Seite 37/38.
b) Schreibe einen passenden Kommentar zu jeder Überschrift.

Die Überschrift verrät zu viel.   Die Überschrift passt nicht zur Geschichte.

Die Überschrift ist zu lang.   Prima! Die Überschrift ist gut.

So ein Pech! _____

Klara landet im
Schneehaufen _____

Übermut tut
manchmal gut! _____

Klara macht eine rasante Schlittenfahrt
mit überraschendem Ende _____

3 Überlege dir eine treffende Überschrift für die Geschichte von Toni
und Lupo (S. 40/41). Denke an Pepes Tipps.

_____

1 Betrachte die Bilder. Einige Ideen passen in den Spannungsbogen, andere nicht. Streiche unpassenden Ideen durch.

> Toni bestellt sich eine Pizza – Toni und Klara schauen sich einen Film an – Plötzlich hören sie ein Geräusch – Sie hören genau hin, woher das Geräusch kommt – Das Geräusch kommt aus dem Keller – Toni freut sich – Klara hat Angst – „Hilfe ein Einbrecher!" – Toni fängt die Katze und schaut mit ihr fern – Tonis Eltern kommen heim und essen die Pizza. – Die Kellertür öffnet sich. – Erleichtert schauen sich Toni und Klara an: Es war nur die Katze.

2 Schreibe die Geschichte in 3 Sätzen auf.

Ausgangssituation

_____

_____

Problem tritt auf

_____

_____

Lösung!

_____

_____

kontrolliert: ⭐ 43

Geschichte	vor dem Üben			nach dem Üben		
	☆	☆☆	☆ ☆☆	☆	☆☆	☆ ☆☆
Denke ich an eine kurze und knackige Überschrift?						
Führt meine Einleitung zielgerichtet auf das Problem hin?						
Hat meine Geschichte einen Spannungsbogen?						
Runde ich die Geschichte mit einem kurzen und stimmigen Ende ab?						
…mehr Pfiff durch Adjektive?						
…wörtliche Rede?						
…Sinneseindrücke?						
Ich bin viel auf Wörterjagd gegangen:						

> Denke beim Schreiben an meine Gewürzkiste für Geschichten (S. 35)!

1 Schätze dich selbst ein.
Kreuze die gelbe Spalte an.

2 Schreibe die Geschichte von S. 43.
Verwende deine 3 Sätze von S. 43 als Rahmen.

3 Vergleiche deinen Text mit der Tabelle und schätze dich
jetzt nochmal ein. Kreuze die grüne Spalte an.

1 Die Kinder sammeln Vorschläge für neues Pausenspielzeug. Welche Begründung passt zu welchem Vorschlag? Verbinde.

Ich bin für ein Springseil!

Wenn wir ihn nehmen, können immer ganz viele Kinder gemeinsam spielen und sich bewegen.

Meiner Meinung nach sollte es ein neuer Fußball sein!

Denn damit kann man verschiedene Sachen machen: Zum Beispiel ein Hüpfspiel auf den Boden malen oder den Pausenhof verschönern.

Ich finde Straßenkreide am besten!

Mir macht nämlich Hüpfen am meisten Spaß.

2 Überlege, was beim Argumentieren wichtig ist. Kreuze an.

☐ Hier muss ich anderen meinen **Standpunkt** darlegen. **Beispiele und Gründe** sind dazu notwendig.

☐ Es ist wichtig, dass ich **überzeugend** erkläre, **warum** ich einer bestimmten Meinung bin. Dazu sollte ich mir vorher **Stichpunkte** machen.

☐ Wenn ich argumentiere, kommt es auf die **Spannung** an. Dazu brauche ich Satzanfänge wie **plötzlich** oder **auf einmal.**

☐ **Wörtliche Rede** und **Sinneseindrücke** (Geräusche, Gerüche, Geschmack, Gesehenes, Gefühle) würzen meine Argumentation.

☐ Manche Gründe überzeugen mehr, andere weniger. Auch darüber mache ich mir vor dem Schreiben Gedanken und **sortiere** sie **nach dem Gewicht.**

kontrolliert: ☆ 45

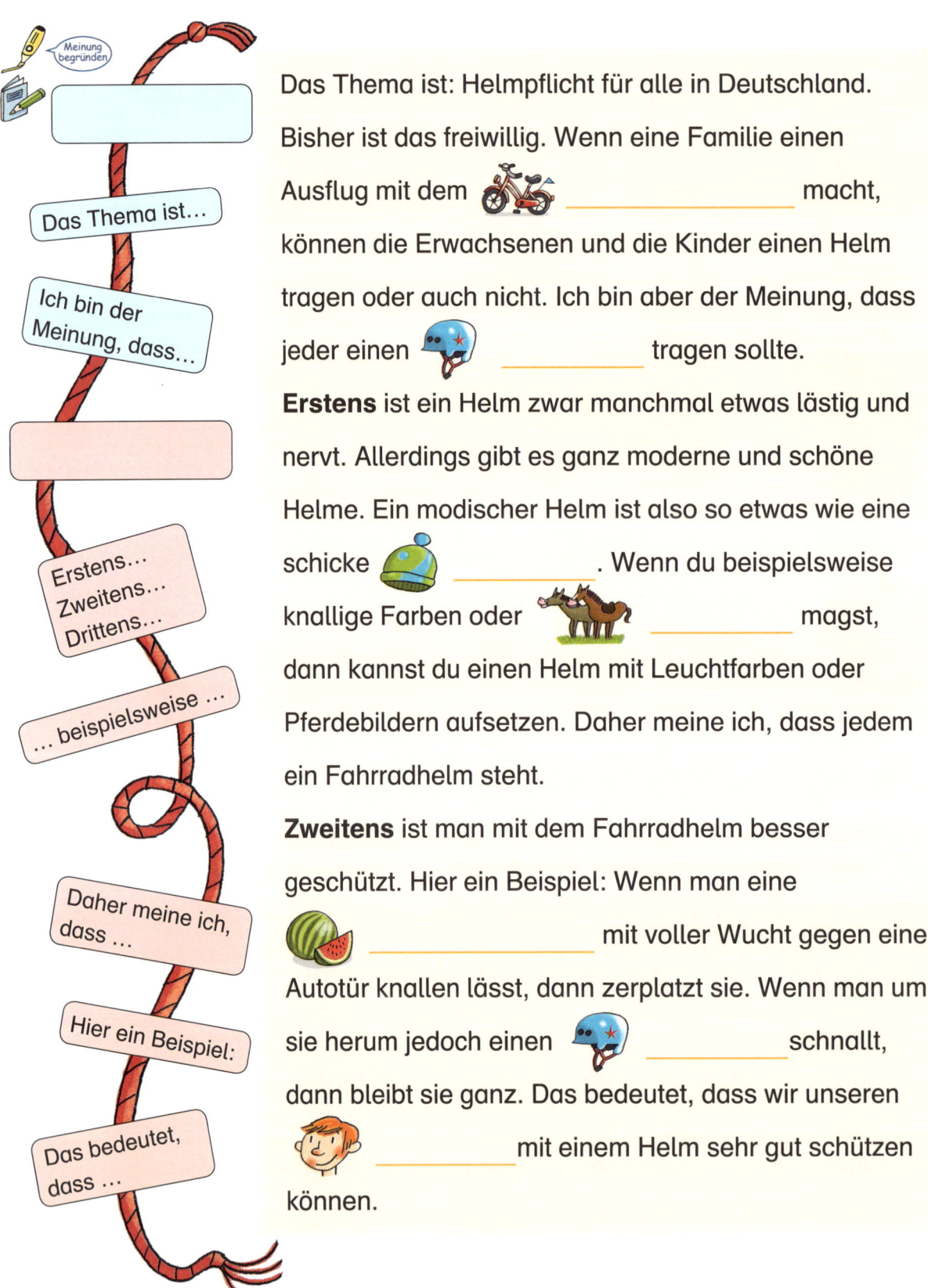

Meinung begründen

Das Thema ist…

Ich bin der Meinung, dass…

Erstens…
Zweitens…
Drittens…

… beispielsweise …

Daher meine ich, dass …

Hier ein Beispiel:

Das bedeutet, dass …

Das Thema ist: Helmpflicht für alle in Deutschland.

Bisher ist das freiwillig. Wenn eine Familie einen

Ausflug mit dem _____ macht,

können die Erwachsenen und die Kinder einen Helm

tragen oder auch nicht. Ich bin aber der Meinung, dass

jeder einen _____ tragen sollte.

Erstens ist ein Helm zwar manchmal etwas lästig und

nervt. Allerdings gibt es ganz moderne und schöne

Helme. Ein modischer Helm ist also so etwas wie eine

schicke _____ . Wenn du beispielsweise

knallige Farben oder _____ magst,

dann kannst du einen Helm mit Leuchtfarben oder

Pferdebildern aufsetzen. Daher meine ich, dass jedem

ein Fahrradhelm steht.

Zweitens ist man mit dem Fahrradhelm besser

geschützt. Hier ein Beispiel: Wenn man eine

_____ mit voller Wucht gegen eine

Autotür knallen lässt, dann zerplatzt sie. Wenn man um

sie herum jedoch einen _____ schnallt,

dann bleibt sie ganz. Das bedeutet, dass wir unseren

_____ mit einem Helm sehr gut schützen

können.

Eine Befragung zeigt, dass…

Sicherlich …

Außerdem…

Die Frage war…

Anhand der Gründe wird klar, dass

Drittens sollten alle Leute beim Fahrradfahren einen Helm tragen. Bisher tragen in Deutschland vor allem _____ ihren Helm.

Eine Befragung zeigt, dass die _____ ihren Helm viel weniger tragen. Sicherlich sind Kinder noch kleiner, aber auch Erwachsene können einen Unfall haben.

Ihr _____ ist dann auch besser geschützt. Außerdem setzen Kinder ihren Helm lieber auf, wenn alle einen Helm tragen müssen.

Die Frage war, ob alle Deutschen dazu verpflichtet werden sollten, beim Fahrradfahren einen _____ zu tragen.

Anhand der drei Gründe wird klar, dass jeder in Deutschland einen Helm tragen sollte.

1 Lies den Text aufmerksam und fülle die Lücken aus. Die Bilder helfen dir dabei.

2 Beschrifte den roten Faden:

Argumente   Hinführung   Fazit

Kennst du die Fachausdrücke?

Argument: Begründung für deine Meinung
Fazit: Zusammenfassung, Schlussfolgerung

1 Lies die Satzanfänge in Pepes Güterzug. Schreibe in jeden Wagen den passenden Oberbegriff:

um ein Argument zu erklären

um meine Meinung zu sagen

für das Fazit

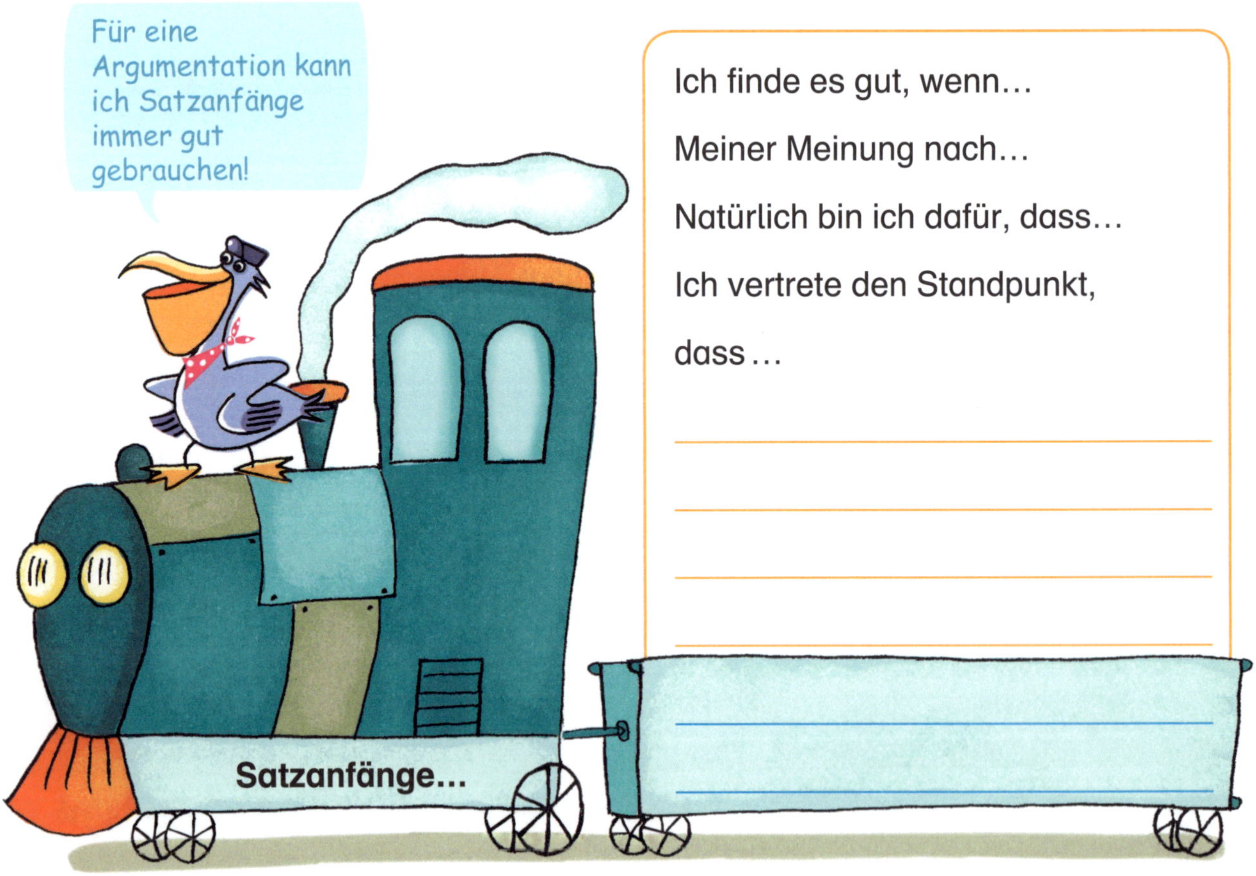

Für eine Argumentation kann ich Satzanfänge immer gut gebrauchen!

Ich finde es gut, wenn…

Meiner Meinung nach…

Natürlich bin ich dafür, dass…

Ich vertrete den Standpunkt, dass …

Satzanfänge…

2 Sortiere diese Satzanfänge in den passenden Wagen.

Du kannst auch noch weitere eigene Satzanfänge in Pepes Zug sammeln!

Für mich gilt…   Daran ist erkennbar, dass…

Daraus ergibt sich, dass…   Ein Beispiel zeigt…

Das ist der Grund, weshalb…

Ich bin der Meinung, dass…   Hierzu ein Versuch:…

Im Internet kann man lesen, dass…

Für mich zählt am stärksten,…

Hier ein Beispiel:…

Ich beobachte immer wieder,…

Eine Befragung zeigt, dass…

In unserer Klasse…

In der Zeitung steht, dass…

Das zeigt gut, dass …

So wird klar, dass…

Folglich kann ich zeigen, dass…

Aus dem Gesagten ergibt sich…

Deshalb meine ich, dass…

1 In der Siebenberge-Grundschule wurden verschiedene Argumente für und gegen Süßigkeiten im Pausenverkauf gesammelt.

Wer ist für Süßigkeiten , wer dagegen ? Kreuze an.

1

Ein Großteil der Eltern möchte keine Süßigkeiten im Pausenverkauf. Sie meinen, dass sie ungesund für ihre Kinder sind.

☐  ☐

2
Einige Kinder werden ihr gesamtes Taschengeld zum Pausenverkauf tragen, wenn es bei uns Süßigkeiten gibt.

☐  ☐

3
Zu viele Süßigkeiten führen zu Karies und Übergewicht.

☐  ☐

4
Ich habe mit vier Freundinnen aus anderen Schulen telefoniert. Bei allen gibt es Süßigkeiten!

☐  ☐

2 Alle stützen ihr Argument durch eine Erklärung. Welche Erklärung passt zu welchem Argument? Nummeriere.

◯ Meine Befragung zeigt, dass drei von ihnen Süßigkeiten in der Schule kaufen können. Zwei haben einen Automaten und eine kann sie direkt beim Hausmeister kaufen.

◯ Der Elterbeirat hat an unserer Schule eine Befragung gemacht. 78 Eltern wurden gefragt. Die Umfrage hat ergeben, dass 65 Eltern keine Süßigkeiten wollen.

◯ Ich beobachte zum Beispiel im Freibad, dass dort fast alle Kinder Süßigkeiten kaufen. Jeder, der dabei sein möchte, gibt dafür sein Geld aus.

◯ Eine Statistik zeigt, dass 60 % der übergewichtigen Kinder auch Karies haben. Gründe dafür sind meist zu viele Süßigkeiten.

Mein Bauplan für ein Argument!

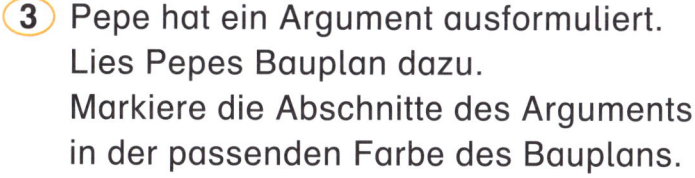

3 Pepe hat ein Argument ausformuliert. Lies Pepes Bauplan dazu. Markiere die Abschnitte des Arguments in der passenden Farbe des Bauplans.

Unsere Eltern möchten keine Süßigkeiten im Pausenverkauf.

Der Elterbeirat hat an unserer Schule eine Befragung gemacht. 78 Eltern wurden gefragt. Die Umfrage hat ergeben, dass 65 Eltern keine Süßigkeiten wollen.

Das zeigt gut, dass unsere Eltern *gegen* einen Süßigkeitenverkauf hier an der Schule sind.

Argument beginnen
Kurz und knackig mit deinen Worten

Argument erklären
Beispiel, Befragung, Beobachtung,

Argument beenden
Fazit, zurück zum Argument

Pepe stellt sich die Frage: Brauchen Grundschulkinder ein Handy?

(1) Diese Argumente hat Pepe gefunden.
Ein Argument passt nicht zum Thema. Streiche es durch.

1 Weniger Zeit zum Spielen und Reden.

2 Viele Kinder haben ihr Handy nur zum Angeben.

3 Die Mehrheit der Grundschulkinder hat kein Handy.

4 Ein Handy führt wegen hoher Kosten oft zu Streit und Schwierigkeiten.

5 Telefone gibt es schon seit über 100 Jahren.

Welches Argument ist für **dich** das stärkste? Markiere.

(2) Pepe erklärt seine Argumente.

a) Zu welchem Argument hat er eine Erklärung gefunden? Nummeriere.

Artikel in einer Zeitschrift:
- Mit einem Handy können sehr hohe Kosten entstehen, z. B. durch Apps, Telefonieren, SMS.
- Folgen: Kind oder Eltern müssen die hohe Rechnung bezahlen und kommen in Schwierigkeiten.

Beobachtung bei älteren Geschwistern mit Handy:
- Sie sind fast nur noch mit dem Handy beschäftigt!
- Folgen: Sie sitzen viel herum, reden kaum noch, spielen weniger mit anderen Kindern.

b) Hilf Pepe und finde eine Erklärung zu Argument Nr. 2.

Hast du schon einmal eine Beobachtung zum Angeben mit dem Handy gemacht? Was könnte eine Folge sein?

_____

_____

_____

_____

_____

_____

c) Für Argument Nr. 3 hat Pepe eine Statistik gefunden.
Beschreibe die Statistik. Fülle die Lücken aus.

Das Ergebnis ist ja höchst interessant!

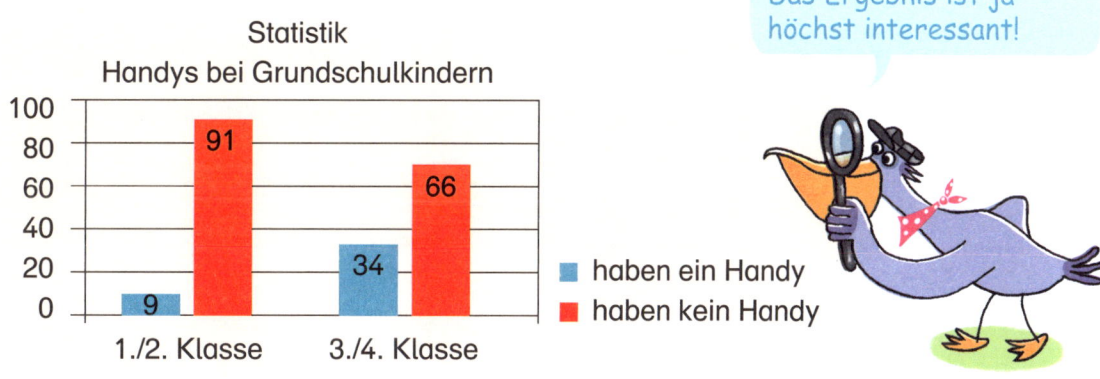

Statistik
Handys bei Grundschulkindern

- haben ein Handy
- haben kein Handy

Die Statistik zeigt, dass in der 1. und 2. Klasse von

_____ Kindern nur _____ Kinder ein Handy

besitzen. _____ Kinder haben kein Handy.

In der 3. und 4. Klasse besitzen von _____ Kindern

34 Kinder _____ Handy. 66 Kinder haben _____

Handy. Das bedeutet, dass die Mehrheit der Kinder in

Grundschulen _____ Handy besitzt.

Überlege dir doch mal Argumente **für** Handys bei Grundschulkindern!

Argumentation	vor dem Üben			nach dem Üben		
	☆	☆☆	☆ ☆☆	☆	☆☆	☆ ☆☆
Enthält mein Text eine Hinführung, Argumente und ein Fazit?						
Wird deutlich, zu welchem Thema ich schreibe?						
Stelle ich meine Meinung überzeugend dar?						
Ordne ich meine Argumente von schwach nach stark?						
Untermauere ich jedes Argument mit einer Erklärung (Beobachtung, Befragung, Experiment)?						
Verwende ich unterschiedliche Satzanfänge und Ausdrücke?						
Ich bin viel auf Wörterjagd gegangen:						

① Schätze dich selbst ein.
Kreuze nur die gelbe Spalte an.

Du kannst meine Ideensammlung von Seite 52/53 verwenden oder dir eigene Argumente überlegen.

② Schreibe eine Argumentation zum Thema:
Brauchen Grundschulkinder ein Handy?

③ Vergleiche deinen Text mit der Tabelle und schätze dich jetzt nochmal ein. Kreuze die grüne Spalte an.

☆

1 In jeder Information hat sich ein Fehler eingeschlichen. Streiche ihn durch.

Siebenberge-Grundschule Zwergental	
Startseite	**Theateraufführung der dritten Klassen**
Aktuelles	Am nächsten Montag findet bei uns um 12:00 Uhr nachts die Aufführung „Schneewittchen und die sieben Zwerge" statt. Das Theaterstück wird in der Turnhalle gezeigt.
Kontakt	

Wo werden Informationen weitergegeben?

Dumper

Dumper ist der englische Begriff für einen Muldenkipper. Das ist ein großer Lastwagen, der auf Pausenhöfen zum Transport von Bauschutt und Sand eingesetzt wird.

Feuerwehreinsatz in Buxheim

Gestern Mittag hat es in der Frühlingsstraße gebrannt. Ein Junge rief die Feuerwehr, weil aus einem Fenster dicker Rauch quoll. Die Feuerwehr konnte das Schokoladeneis rechtzeitig löschen. Verletzt wurde niemand.

2 Verbessere jeden Fehler so, dass die Information stimmt. Verwende die Schreibzeilen.

3 Überlege, was beim Informieren wichtig ist. Kreuze an.

☐ Ich schreibe **kurz und knapp.**

☐ Einzelne Dinge kann ich auch **auslassen**, das erhöht dann die **Spannung.**

☐ Ich sammle vor dem Schreiben **gezielt Informationen**. Dabei überlege ich, welche Informationen **für den Leser am wichtigsten** sind.

Satz-
anfänge

Wann?
Was?
Wo?
Wer?

Zunächst…

Anschließend…

Daraufhin…

Als Nächstes…

Zuletzt…

Am Freitag, den 23. April, fand von 8:00 Uhr bis 13:00 Uhr unser Walderlebnistag statt. Unsere Klasse, die 3c, _____ (besuchen) den Hechenrieder Forst, ein großes Waldstück bei Murstadt. Bei dem Ausflug dabei _____ (sein) Frau Zeisig, unsere Lehrerin, und Annalena, eine Studentin.

Zunächst _____ (laufen) wir ungefähr zehn Minuten zum Hechenrieder Forst. Dort _____ (treffen) wir Herrn Wittmann, den örtlichen Förster. Zu Beginn _____ (erklären) er uns, wie wir uns im Wald verhalten müssen. Anschließend _____ (geben) er uns als Aufgabe, dass wir ihm ohne zu sprechen folgen und genau aufzupassen sollten, was wir _____ (hören). Daraufhin _____ (wandern) wir ungefähr 15 Minuten schweigend durch den Wald. Am nächsten Haltepunkt _____ (erzählen) wir, was wir gehört hatten. Folgende Geräusche wurden genannt: Vögel, Rascheln von Blättern, Kichern und Knacken von Ästen.

Als Nächstes _____ (zeigen) uns der Förster den Futterplatz der Rehe. Er _____ (berichten) über das Leben der Tiere des Waldes. Zuletzt _____ (dürfen) wir mit ihm die Futtertröge für das Rotwild auffüllen.

Mir hat gefallen, dass …

Nach einem kleinen Picknick auf einer Lichtung

_____ (suchen) wir uns einen Lieblingsplatz

und durften ihn mit Material aus dem Wald gestalten.

Annalena _____ (fotografieren) unsere

Lieblingsplätze für die Klassenzeitung. Anschließend

_____ (haben) wir noch genügend Zeit auf der

Wiese oder an unseren Lieblingsplätzen zu spielen.

Um 12:15 Uhr brachen wir dann zurück zur Schule auf.

Dort _____ (fragen) uns Frau Zeisig, an was

wir uns noch _____ (erinnern).

Mir hat am besten gefallen, dass ich von meinem

Lieblingsplatz aus ein kleines Eichhörnchen

beobachtet habe. Es _____

(klettern) den Baum hoch.

1 Trage die Verben in der 1. Vergangenheit ein.

berichtete erinnerten waren wanderten gab durften zeigte
erklärte suchten fotografierte hatten fragte hörten kletterte
besuchte liefen trafen erzählten

2 Beschrifte den roten Faden:

Bericht   Schlusssatz   Einleitung

3 Unterstreiche in der Einleitung folgende Informationen in den jeweiligen Farben: **Wann? Was? Wo? Wer?**

Die Klassen 3a und 3c machen einen Ausflug zur Feuerwehr.
Toni soll einen Bericht schreiben.

Mittwoch, 5. Mai

Nicht vergessen!
Morgen Ausflug zur Feuerwehr in Buxheim

Klassen 3a und 3c
Lehrerinnen: Frau Huber und Frau Wolf

Beginn: 8:00 Uhr
Ende: 14:00 Uhr

Bitte mitbringen: Wetterfeste Kleidung, Proviant

1 Welche Informationen benötigt Toni für seine Einleitung? Notiere.

Wann? _____

Was? _____

Wo? _____

Wer? _____

2 Schreibe zwei Sätze für die Einleitung.
Verwende die Stichpunkte aus Aufgabe 1.

Du kannst die Satzbausteine zu Hilfe nehmen!

_____

_____

_____

_____

| fand... statt | Mit dabei waren... | Am ... | von... bis... |

3 Toni hat beim Ausflug fotografiert und Stichpunkte notiert.

a) Verbinde jedes Bild mit dem passenden Stichpunktzettel.

– Umkleidekabine

– Ordnung an den Haken:

Stiefel, Jacken, _____

– Kind darf einen Helm aufsetzen

– Herr Schmidt,
Feuerwehrmann

– zeigt Funktionen des
Feuerwehrautos:
Drehleiter, Martinshorn und

_____

– Notrufzentrale

– Herr Schmidt erklärt Notruf

– ein Kind aus der Klasse darf

_____

Betrachte die Bilder
nochmal ganz genau!
Dann findest du die
fehlenden Infos!

b) Auf jedem Stichpunktzettel hat Toni
eine Information vergessen. Ergänze sie.

kontrolliert: ☆ **59**

Verben

1 Setze diese Verben in die 1. Vergangenheit.

er

begrüßen

zeigen

erklären

berichten

erzählen

fragen

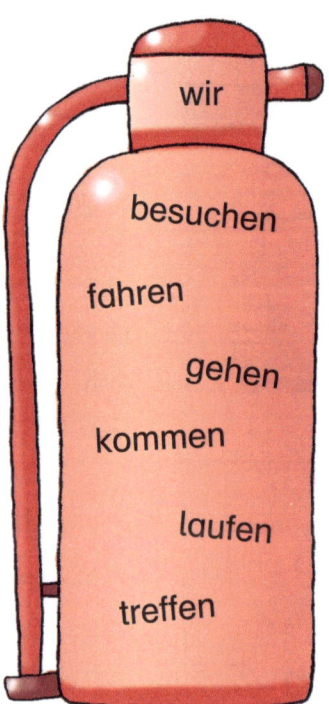

wir

besuchen

fahren

gehen

kommen

laufen

treffen

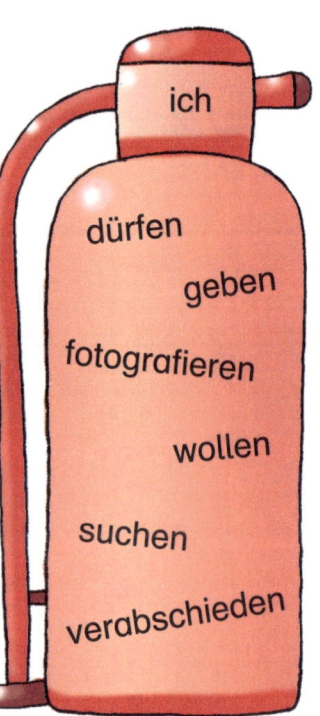

ich

dürfen

geben

fotografieren

wollen

suchen

verabschieden

er begrüßte, _____   _____   _____

_____   _____   _____

_____   _____   _____

_____   _____   _____

_____   _____   _____

_____   _____   _____

2 Markiere alle Verben, die in der 1. Vergangenheit stehen.

| er fand statt | wir treffen | sie machte | er findet |

| wir fühlten | wir sind | er erinnerte sich |

| wir fahren | er stellte sich vor | er antwortete |

Hier seht ihr die Ausrüstung eines Feuerwehrmanns. Bei einem Einsatz zieht er sich in dieser Reihenfolge an: Zuerst... Als nächstes...

Im Bericht umschreibst du kurz und knapp, was die Personen sagen:

Im Bericht:

Herr Schmidt erzählte uns, in welcher Reihenfolge sich ein Feuerwehrmann seine Ausrüstung anzieht.

Verben

1 Schreibe die wörtliche Rede um. Verwende die farbigen Schlüsselwörter.

Hier sind wir in der Notrufzentrale. Bei einem Notruf muss man einiges beachten. Nenne zuerst deinen Namen. Dann...

In der Notrufzentrale
_____
_____
_____

erläutern, Herr Schmidt, was, Notruf, beachten, müssen

Das kann man alles mit unserem neuen Feuerwehrauto machen. Hier ist der Knopf für... Dort kann man...

_____
_____
_____
_____

Herr Schmidt, zeigen, was, Feuerwehrauto, machen, können

2 Hast du an die 1. Vergangenheit gedacht? Unterstreiche alle Verben in deinen Sätzen.

1 Gehe auf den Seiten 55 bis 61 auf Wörterjagd.
a) Notiere hier Verben in der 1. Vergangenheit

Verben in der 1. Vergangenheit

Du kannst auch eigene Wörter ergänzen.

b) Notiere hier Satzanfänge für deinen Bericht:

Satzanfänge

Bericht	vor dem Üben			nach dem Üben		
	☆	☆☆	☆ ☆☆	☆	☆☆	☆ ☆☆
Beantworte ich die W-Fragen? (Wann? Wer? Was? Wo?)						
Schreibe ich sachlich, was passiert ist? (ohne Spannung)						
Berichte ich in der 1. Vergangenheit?						
Berichte ich in der richtigen Reihenfolge?						
Denke ich an alle wichtigen Informationen?						
Ich bin viel auf Wörterjagd gegangen:						

1 Schätze dich selbst ein.
   Kreuze die gelbe Spalte an.

2 Schreibe einen Bericht zum Ausflug zur Feuerwehr.
   Verwende die Stichpunkte und Wörtersammlungen von Seite 58-62.
   Auch der Satzbausteinkasten kann dir dabei helfen.

Am … fand … statt	Beim Ausflug dabei waren …	Zuerst begrüßte uns …	Als Erstes …
… zeigte uns das Feuerwehrhaus	… erklärte uns Feuerwehrauto …	Als Nächstes … Umkleide …	… berichtete, wie … anziehen
Dann …	Notrufzentrale … Notruf absetzen	Als Letztes … verabschiedeten	Mir hat gefallen, dass …

3 Vergleiche deinen Text mit der Tabelle und schätze dich jetzt
   nochmal ein. Kreuze die grüne Spalte an.

① Stimmt die **Rechtschreibung**?

⊙ Ist ein Punkt am Satzende?

⊙↑ Sind alle Satzanfänge groß?

↑ Sind alle Nomen groß?

⬯ Schlage das Wort im Wörterbuch nach.

Alles durcheinander?
Macht nix!
Der rote Faden hilft!

② Immer am **roten Faden** geblieben?

√ Lege den roten Faden neben deinen
Text und hake ab.

∀ Hier fehlt etwas.
Schreibe ausführlich.

✗ Dies gehört nicht hierhin.
Streiche es weg.

③ Immer schön **abwechslungsreich**?

☺ Male über jeden schönen Satzanfang und jedes
besondere Wort ein Lachgesicht.

〰 Dieses Wort wiederholt sich. Suche ein anderes Wort,
W das du noch nicht verwendet hast.

Herzlichen Glückwunsch!
Jetzt bist du fertig!

 ④ Ist der Text **übersichtlich** gestaltet und **gut lesbar**?

⌇? Dieses Wort kann ich nicht lesen.

⌐ Beginne in einer neuen Zeile.

△ Füge einen Absatz ein.